El Hombre más Rico de Babilonia

Edición actualizada y ampliada
con los 10 principios para
tener éxito en los negocios

George S. Clason

TALLER DEL ÉXITO

El hombre más rico de Babilonia
Copyright © 2022 - Taller del Éxito - George S. Clason
Traducción al español: Copyright © 2022 Taller del Éxito, Inc.

Reservados todos los derechos. Ninguna parte de esta publicación puede ser reproducida, distribuida o transmitida por ninguna forma o medio, incluyendo: fotocopiado, grabación o cualquier otro método electrónico o mecánico, sin la autorización previa por escrito del autor o editor, excepto en el caso de breves reseñas utilizadas en críticas literarias y ciertos usos no comerciales dispuestos por la Ley de Derechos de Autor.

Publicado por:
Taller del Éxito, Inc.
1669 N.W. 144 Terrace, Suite 210
Sunrise, Florida 33323
Estados Unidos
www.tallerdelexito.com

Editorial dedicada a la difusión de libros y audiolibros de desarrollo y crecimiento personal, liderazgo y motivación.

Diseño de carátula: Diego Cruz
Diagramación: Giselle Selva Rodríguez
Traducción y Corrección de estilo: Nancy Camargo

ISBN: 9781607387763

25 26 27 28 29   R | GIN   11 10 09 08 07

Contenido

Introducción 7
Prefacio 9

PARTE 1.
El hombre más rico de Babilonia 11
1. La antigua Babilonia 13
2. El babilonio que quería tener oro 21
3. El hombre más rico de Babilonia 29
4. Siete maneras de llenar una bolsa vacía 43
5. La diosa de la fortuna 63
6. Las cinco leyes del oro 79
7. El babilonio prestamista 93
8. Las murallas de Babilonia 107
9. El babilonio tratante de camellos 113
10. Las tablillas de barro de Babilonia 125
11. El babilonio más favorecido por la suerte 137

PARTE 2.
**Principios para el éxito en los negocios
de el hombre más rico de Babilonia** 157

Principio 1 161

Principio 2 164

Principio 3 172

Principio 4 177

Principio 5 182

Principio 6 186

Principio 7 189

Principio 8 195

Principio 9 200

Principio 10 205

Sobre el autor 211

Notas 212

INTRODUCCIÓN

¡Ante ti se extiende el futuro! Es un camino que te lleva muy lejos y a lo largo de él se encuentra todo lo que ambicionas, aquellos deseos que quieres satisfacer.

Pero es incuestionable: si anhelas saciar tus ambiciones y convertir en realidad tus deseos, tienes que triunfar en el terreno financiero. Aplica los principios fundamentales que te propongo claramente a lo largo de las páginas de este libro, déjate llevar por ellos más allá de las dificultades que trae consigo la pobreza y experimenta ese estilo de vida feliz y plena del que disfrutarás… ¡solo con una bolsa bien provista!

Estos principios son tan universales e inmutables como la Ley de la Gravedad. Te mostrarán, como a muchos otros antes que a ti, la manera más fructífera de engrosar tus ahorros, de aumentar tu cuenta bancaria y de asegurarte un éxito económico notable.

El dinero abundará para los que comprendan y pongan en práctica estas siete simples reglas de la adquisición de bienes:

Primera: Empiecen a llenar sus bolsillos

Segunda: Controlen sus gastos

Tercera: Hagan que su dinero produzca

Cuarta: Protejan sus ahorros de cualquier pérdida

Quinta: Hagan que sus propiedades sean inversiones rentables

Sexta: Aseguren ingresos para el futuro

Séptima: Aumenten su habilidad para adquirir bienes

PREFACIO

La prosperidad de una nación depende de la prosperidad financiera de cada uno de los individuos que la integran.

Este libro trata del éxito individual. ¿Y cómo lo consigues? Realizándote como resultado de tus propios esfuerzos y habilidades. Una buena preparación será la clave de tu éxito puesto que tus acciones jamás serán más sabias que tus pensamientos, así como ni tus actos, ni tu manera de pensar serán más sabios que tu capacidad de análisis y comprensión de las cosas.

Este libro de soluciones para los bolsillos vacíos ha sido calificado como una guía de comprensión financiera. Su objetivo es ofrecerles a quienes ambicionan éxito en el campo económico una visión que les ayude a conseguir dinero, a conservarlo y a hacer que les dé frutos.

En las páginas siguientes vamos a regresar a la antigua Babilonia, cuna de las reglas básicas de la economía que son reconocidas aún hoy en día y aplicadas en todo el mundo.

El autor desea que este libro les sirva de inspiración a sus nuevos lectores, así como ya lo ha sido para tantos otros en todo el país a fin de que sus cuentas bancarias se engrosen constantemente, de que aumenten sus éxitos económicos y de que descubran la solución a sus problemas financieros.

Además, aprovecha la ocasión para expresarles su gratitud a los administradores que han compartido con generosidad estos relatos con sus amigos, parientes, empleados y asociados. Ningún apoyo habría sido más convincente que el de los hombres prácticos que han apreciado estas enseñanzas y han triunfado utilizando las reglas que propone este libro.

Babilonia llegó a ser la ciudad más rica del mundo en la Antigüedad porque sus ciudadanos fueron el pueblo más rico de su tiempo. Ellos apreciaban el valor del dinero. Aplicaron sólidas reglas básicas para obtenerlo, conservarlo y hacerle dar fruto. Fue así como consiguieron lo que todos deseamos: ingresos para el futuro.

G. S. C.

PARTE 1

EL HOMBRE MÁS RICO DE BABILONIA

1
LA ANTIGUA BABILONIA

No ha habido en el curso de la Historia una ciudad más glamorosa que Babilonia. Sus tesoros de oro y joyas eran fabulosos y su nombre evoca visiones de riqueza y esplendor. Podríamos pensar que una ciudad así tenía una ubicación maravillosa, que estaba rodeada de ricos recursos naturales como bosques o minas en un exuberante clima tropical. No era el caso, se extendía a lo largo del curso de los ríos Tigris y Éufrates en un valle árido y plano. No había bosques, minas, ni tan solo piedra para la construcción. No estaba en una vía comercial natural y las lluvias eran insuficientes para la agricultura.

Babilonia es un ejemplo de la capacidad del ser humano para alcanzar grandes objetivos usando los medios que tiene a su alcance. Todos sus recursos fueron desarrollados por el hombre y todas sus riquezas resultaron de su trabajo.

Había en la región tan solo dos recursos naturales: una tierra fértil y el agua del río. Gracias a uno de los más grandes logros de ingeniería de todos los tiempos, los ingenieros babilonios desviaron las aguas del río mediante diques e inmensos canales de irrigación. Los canales atravesaban todos los parajes del árido valle para llevar agua al fértil suelo. Estas obras constituyen uno de los primeros trabajos de ingeniería de la Historia y el sistema de regadío permitió que las cosechas fueran más abundantes de lo que lo habían sido nunca.

Afortunadamente, Babilonia fue gobernada durante su larga existencia por sucesivas líneas de reyes que se dedicaron a las conquistas y los saqueos, pero de manera esporádica. Aunque la ciudad se embarcó en diversas guerras, estas fueron locales o para defenderse de los ambiciosos conquistadores llegados de otros países que codiciaban sus fabulosos tesoros. Los extraordinarios dirigentes de Babilonia pasaron a la Historia a causa de su sabiduría, audacia y justicia. Babilonia no tuvo orgullosas monarquías que quisieran conquistar al mundo conocido y forzar a las naciones a someterse.

Babilonia ya no existe como ciudad. Cuando desaparecieron las fuerzas humanas que la construyeron y la mantuvieron durante miles de años, se convirtió rápidamente en una desierta ruina. Estaba situada en Asia, a unos mil kilómetros del Canal de Suez, justo al norte del Golfo Pérsico. Su latitud es cercana a los treinta grados sobre la línea ecuatorial, parecida a la de Yuma, Arizona, y poseía un clima caliente y seco semejante al de esta ciudad.

El valle del Éufrates, en otro tiempo populosa región agrícola, es hoy una llanura árida. Las escasas hierbas y los arbustos del desierto luchan contra la arena llevada por el viento. Los fértiles campos, las grandes ciudades y las largas caravanas de los ricos comerciantes ya no existen. Las tribus árabes nómadas son los únicos habitantes del valle desde la Era Cristiana y subsisten gracias a sus pequeños rebaños.

La región está salpicada de colinas. Al menos durante siglos fueron consideradas como tales, pero los fragmentos de alfarería y ladrillos gastados por las ocasionales lluvias terminaron por llamar la atención de los arqueólogos. Se organizaron campañas para realizar excavaciones financiadas por museos europeos y americanos. Los picos y las palas pronto demostraron que aquellas colinas eran antiguas ciudades o lo que podríamos llamar "tumbas de ciudades".

Babilonia es una de ellas. Los vientos habían esparcido sobre ella el polvo del desierto durante veinte siglos. Las murallas, en principio de ladrillo, se habían desintegrado y habían vuelto a la tierra. Así es hoy en día la rica ciudad de Babilonia: un montón de tierra abandonado hace tanto tiempo que nadie conocía su nombre hasta que se retiraron los escombros acumulados durante siglos en las calles, los nobles templos y los palacios.

Algunos científicos consideran que las civilizaciones babilónica y las de las otras ciudades del valle son las más antiguas de las que se tiene conocimiento. Se han demostrado de manera fehaciente algunas fechas que se remontan hasta los 8.000 años de antigüedad.

En las ruinas de Babilonia se descubrieron descripciones de un eclipse solar; los astrónomos modernos calcularon con gran facilidad cuándo hubo un eclipse visible en Babilonia y pudieron, de este modo, establecer la relación entre su calendario y el nuestro.

Así se calculó que, hace 8.000 años, los sumerios que ocupaban Babilonia vivían en ciudades fortificadas. No es posible calcular desde cuándo existían dichas ciudades. Sus habitantes no eran simples bárbaros que vivían en el interior de unas murallas protectoras, sino gentes cultivadas e inteligentes. Tanto como puede remontarse en el pasado la Historia escrita, ellos fueron los primeros ingenieros, astrónomos, matemáticos, financieros, y el primer pueblo que poseyó una lengua escrita.

Ya hemos hablado de los sistemas de irrigación que transformaron el árido valle en un vergel cultivado. Los vestigios de los canales son aún visibles aunque muchos están llenos de arena. Algunos eran tan grandes que, cuando no llevaban agua, una docena de caballos podían galopar de frente en su interior. Se los compara en amplitud con los canales más anchos de Colorado y Utah.

Además de regar la tierra, los ingenieros babilonios llevaron a cabo otro proyecto igualmente vasto: recuperar una inmensa región pantanosa en la desembocadura del Éufrates y Tigris por medio de un sistema de drenaje y hacerla cultivable.

Heródoto, historiador y viajero griego, visitó Babilonia tal como era durante su apogeo y nos dejó la única descripción conocida hecha por un extranjero. Sus escritos presentan una pintoresca descripción de la ciudad y algunas de las extrañas costumbres de sus habitantes. En ella menciona la fertilidad notable de la tierra y las abundantes cosechas de trigo y cebada que se recogían.

La gloria de Babilonia se ha apagado, pero su sabiduría ha sido conservada para nosotros gracias a los archivos. En aquellos lejanos tiempos, el papel no había sido todavía inventado y en su lugar la gente grababa laboriosamente sus escritos en tablillas de arcilla húmeda. Cuando las acababan, las cocían y quedaban duras. Medían más o menos seis por ocho pulgadas y el espesor era de una pulgada.

Utilizaban estas tablillas de barro, como se les solía llamar, así como nosotros usamos hoy las modernas formas de escritura. Sobre ellas grababan leyendas, poesía, historia, transcripciones de decretos reales, leyes del país, títulos de propiedad, billetes e incluso cartas que eran enviadas mediante mensajeros hacia ciudades lejanas. Gracias a estas tablillas hemos podido conocer asuntos íntimos de la gente. Una tablilla que parecía provenir de los archivos del almacenero del país cuenta, por ejemplo, que un cliente llevó una vaca y la cambió por siete sacos de trigo, tres entregados en el mismo momento y los otros cuatro a conveniencia del cliente. Los arqueólogos recuperaron bibliotecas enteras de estas tablillas, cientos de miles de ellas, protegidas por los escombros de las ciudades.

Las inmensas murallas que rodeaban la ciudad constituían una de las extraordinarias maravillas de Babilonia. Los antiguos las consideraron comparables a las Pirámides de Egipto y las situaron entre las siete maravillas del mundo. El mérito de la construcción de las primeras murallas es atribuible a la Reina Semiramis, pero los arqueólogos modernos no han podido encontrar vestigios de estas primeras construcciones, ni establecer su altura exacta. Por los escritos de los antiguos se estima que medían entre unos cincuenta y sesenta pies en la parte exterior, que estaban hechas de ladrillos cocidos y además protegidas por un profundo foso de agua.

Las murallas más recientes y célebres fueron construidas unos 600 años antes de Cristo por el Rey Nabopolassar, quien proyectó una construcción tan colosal que no pudo vivir para ver el final de las obras. Fue su hijo Nabucodonosor, cuyo nombre aparece en la Biblia, quien las terminó.

La altura y la longitud de estas murallas más recientes nos dejan atónitos. Una autoridad digna de confianza informó que debieron de tener alrededor de cincuenta y dos metros (ciento sesenta pies), es decir la altura de un edificio moderno de quince plantas. Se estima que la longitud total era de entre quince y diecisiete kilómetros (nueve y 11 millas) y la anchura era tal, que en su parte superior podía correr un carro tirado por seis caballos. No queda casi nada de esta formidable estructura excepto una parte de los cimientos y el foso. Además de los destrozos de la naturaleza, los árabes se llevaron los ladrillos para construir en otras partes.

Uno tras otro, los ejércitos victoriosos de casi todos los conquistadores de ese periodo de guerras invasoras se enfrentaron contra las murallas de Babilonia. Una multitud de reyes la asedió, pero todo fue en vano. Los ejércitos invasores de aquel tiempo no eran despreciables y los historiadores hablan de fuerzas de 10.000 caballeros, 25.000 carros y 1.200 regimientos de infantes de 1.000 hombres cada uno. A menudo necesitaban dos o tres años de preparación para reunir el material de guerra y los depósitos de vituallas a lo largo de la línea de marcha propuesta.

Babilonia estaba organizada casi como una ciudad moderna. Había calles y tiendas, vendedores ambulantes que ofrecían sus mercancías en los barrios residenciales, sacerdotes que oficiaban en templos magníficos. Un muro aislaba los palacios reales en el interior de la ciudad.

Dicen que esas murallas eran más altas que las de la ciudad.

Los babilonios eran artesanos hábiles que trabajaban en la escultura, la pintura, el tejido, el oro y fabricaban armas de metal y maquinaria agrícola. Los joyeros diseñaban piezas de gusto exquisito y algunas muestras que han sido recuperadas de las tumbas de ricos ciudadanos se exponen en museos de todo el mundo.

En una época muy lejana, cuando el resto del mundo cortaba árboles con hachas de piedra o cazaba y luchaba con lanzas y flechas con punta de piedra, los babilonios ya usaban hachas, lanzas y flechas de metal. Eran financieros y comerciantes inteligentes. Por lo que sabemos, ellos fueron los inventores del dinero como moneda de cambio, de los billetes y de los títulos de propiedad escritos.

Babilonia no fue conquistada por sus enemigos hasta cerca de 540 años antes de Cristo.

Pero tampoco entonces fueron tomadas las murallas; la Historia de la caída de Babilonia es de lo más extraordinario. Ciro, uno de los grandes conquistadores de la época, proyectaba atacar la ciudad y tomar las impenetrables murallas.

Los consejeros de Nabucodonosor, Rey de Babilonia, lo persuadieron para que fuera ante Ciro y librara batalla sin esperar a que la ciudad estuviera asediada. El ejército babilonio, tras consecutivas derrotas, se alejó y Ciro entró por sus puertas abiertas sin que nadie opusiera resistencia.

El poder y el prestigio de Babilonia fueron declinando gradualmente hasta que, al cabo de unos siglos fue abandonada, dejada a merced de vientos y tormentas que la devolvieron al desierto sobre el que se había alzado en su origen. Babilonia había caído para no volverse a levantar nunca, pero le debemos mucho a su civilización.

Los siglos han reducido a polvo las orgullosas paredes de sus templos, pero su sabiduría aún pervive.

El dinero es el criterio universal por el que se mide el éxito en nuestra sociedad.

El dinero da la posibilidad de gozar de las mejores cosas de la existencia.

El dinero abunda para quien conoce los medios de obtenerlo.

Hoy en día, el dinero está sometido a las mismas leyes que lo regían hace seis mil años, cuando los hombres prósperos se paseaban por las calles de Babilonia.

2
EL BABILONIO QUE QUERÍA TENER ORO

Bansir, el fabricante de carruajes de la próspera Babilonia, se sentía muy desanimado. Sentado en el muro que rodeaba su propiedad, muy triste contemplaba su modesta casa y su taller –en el que había un carruaje sin acabar.

Su mujer salía a menudo a la puerta y lanzaba una mirada furtiva en su dirección recordándole que ya casi no les quedaba comida y que debería estar acabando el carruaje, es decir, clavando, tallando, puliendo y pintando, extendiendo el cuero sobre las ruedas; preparándolo de este modo para entregarlo y recibir el pago de su cliente rico.

Sin embargo, su cuerpo grande y musculoso permanecía inmóvil, apoyado en la pared. Su mente lenta le daba vueltas a un asunto al que no le encontraba solución alguna.

El cálido sol tropical, tan típico del valle del Éufrates, caía sobre él sin piedad. Gotas de sudor perlaban su frente y se deslizaban por su pecho velludo.

En la parte trasera, su casa estaba dominada por los muros que rodeaban las terrazas del palacio real. Muy cerca de allí, la torre pintada del Templo de Bel se recortaba contra el azul del cielo. A la sombra de una majestad tal, su modesta casa, y muchas otras también, se dibujaban mucho menos limpias y cuidadas que esa.

Así era Babilonia: una mezcla de suntuosidad y simplicidad, de cegadora riqueza y de terrible pobreza sin orden alguno en el interior de las murallas de la ciudad.

Si se hubiera molestado en darse la vuelta, Bansir habría visto cómo los ruidosos carros de los ricos empujaban y hacían tambalearse tanto a los comerciantes que llevaban sandalias como a los mendigos descalzos. Incluso los ricos estaban obligados a meter los pies en los desagües para darles paso a las largas filas de esclavos y de portadores de agua al servicio del rey. Cada esclavo llevaba una pesada piel de cabra llena de agua que vertía en los jardines colgantes.

Bansir estaba demasiado absorto en su propio problema para oír o prestar atención al ajetreo confuso de la rica ciudad. Fue el sonido familiar de una lira lo que le sacó de su ensoñación. Se dio la vuelta y vio el rostro expresivo y sonriente de su mejor amigo, Kobi, el músico.

–Que los dioses te bendigan con gran generosidad, mi buen amigo –dijo Kobi a modo de saludo–. Pero me parece que son tan generosos que ya no tienes ninguna necesidad de trabajar. Me alegro de que tengas esa suerte. Es más, me gustaría que la compartieras conmigo. Te ruego que me hagas el favor de sacar dos shekeles de tu bolsa que debe estar bien llena puesto que no estás trabajando en tu taller, y me los prestes hasta después del festín de los nobles de esta noche. No los perderás, te serán devueltos.

—Si tuviera dos shekeles –respondió tristemente Bansir–, no podría prestárselos a nadie, ni a ti, mi mejor amigo, porque serían toda mi fortuna. Nadie le presta toda su fortuna ni a su mejor amigo.

—¿Qué? –Exclamó Kobi sorprendido– ¿No tienes ni un shekel en tu bolsa y permaneces sentado en el muro como una estatua? ¿Por qué no acabas ese carro? ¿Cómo sacias tu hambre? No te reconozco, amigo mío. ¿Dónde está tu energía desbordante? ¿Te aflige alguna cosa? ¿Te han causado los dioses algún problema?

—Debe de ser un suplicio que me han enviado los dioses –comentó Bansir. Comenzó con un sueño, un sueño que no tenía sentido, en el que yo creía que era un hombre afortunado. De mi cintura colgaba una bolsa repleta de pesadas monedas. Tenía shekeles que les tiraba despreocupadamente a los mendigos, monedas de oro con las que compraba utensilios para mi mujer y todo lo que deseaba para mí; incluso tenía monedas de oro que me permitían mirar confiadamente el futuro y gastar con libertad. Me invadía un maravilloso sentimiento de satisfacción. Si me hubieras visto, no habrías conocido en mí al esforzado trabajador, ni en mi esposa a la mujer arrugada; habrías encontrado en su lugar una mujer con el rostro pletórico de felicidad que sonreía como al comienzo de nuestro matrimonio.

—Un bello sueño, en efecto –comentó Kobi–, pero ¿por qué sentimientos tan placenteros te habían de convertir en una estatua colocada sobre el muro?

—¿Por qué? Porque en el momento que me he despertado y he recordado hasta qué punto mi bolsa se encontraba vacía, me ha invadido un sentimiento de rebeldía. Hablemos de ello. Como dicen los marinos, los dos remamos en la misma barca. De jóvenes fuimos a visitar a los sacerdotes para aprender su sabiduría. Cuando nos hicimos hombres, compartimos los mismos placeres. En la edad adulta, siempre hemos sido buenos amigos. Estábamos satisfechos de nuestra suerte. Éramos felices de trabajar largas horas y de gastar libremente nuestro salario. Ganamos mucho dinero durante los años pasados, pero los goces de la riqueza solo los hemos podido experimentar en sueños. ¿Somos acaso estúpidos borregos? Vivimos en la ciudad más rica del mundo. Los viajeros dicen que ninguna otra ciudad la iguala. Ante nosotros se extiende esta riqueza, pero no poseemos nada de ella.

Tras haber pasado la mitad de tu vida trabajando arduamente, tú, mi mejor amigo, tienes la bolsa vacía y me preguntas: "¿Me puedes prestar una suma tan insignificante como dos shekeles hasta después del festín de los nobles de esta noche?" ¿Y qué es lo que yo te respondo? ¿Digo que aquí tienes mi bolsa, y que comparto contigo su contenido? No, admito que mi bolsa está tan vacía como la tuya. ¿Qué es lo que no funciona? ¿Por qué no podemos conseguir más plata y más oro, más de lo necesario para poder comer y vestir?

Consideremos a nuestros hijos. ¿No están siguiendo el mismo camino de sus padres? ¿También ellos con sus familias, y sus hijos con las suyas, tendrán que vivir entre los acaparadores de oro y se tendrán que contentar con beber la consabida leche de cabra y alimentarse de caldo claro?

—Durante todos estos años que hemos sido amigos, nunca habías hablado así, –replicó Kobi intrigado.

—Pues durante todos estos años, jamás había pensado así. Desde el alba hasta que me hacía parar la oscuridad he trabajado haciendo los más bellos carros que pueda fabricar un hombre, sin casi atreverme apenas a esperar que un día los dioses reconocerían mis buenas obras y me darían una gran prosperidad, lo que jamás han hecho. Al fin me doy cuenta de que nunca lo harán. Por eso estoy triste. Deseo ser rico. Quiero poseer tierras y ganado, lucir bellas ropas y llenar mi bolsa de dinero. Estoy dispuesto a trabajar para ello con todas mis fuerzas, con toda la habilidad de mis manos, con toda la destreza de mi cabeza, pero deseo que mis esfuerzos sean recompensados.

¿Qué nos ocurre? Te lo vuelvo a preguntar: ¿por qué no tenemos una parte justa de todas las cosas buenas, tan abundantes, que pueden conseguir los que poseen el oro?

—¡Ay si conociera la respuesta! –Respondió Kobi–. Yo no estoy más satisfecho que tú.

Todo el dinero que gano con mi lira se gasta muy rápido. A menudo he de planificar y calcular para que mi familia no pase hambre. Yo también tengo en mi fuero interno el deseo de tener una lira suficientemente grande para hacer resonar la grandiosa música que me viene a la mente. Con un instrumento así podría producir una música tan suave que ni el mismo rey habría oído nunca nada parecido.

—Tú deberías tener una lira así. Nadie en la ciudad de Babilonia podría hacerla sonar mejor que tú, hacerla cantar tan melodiosamente que, no solo el rey, sino los mismos dioses quedarían maravillados. Pero, ¿cómo podrías conseguirla si tú y yo somos tan pobres como los esclavos del rey? ¡Escucha la campana! ¡Ya vienen!

Señaló una larga columna de hombres medio desnudos, los portadores de agua que venían del río, sudando y sufriendo por una estrecha calle. Caminaban en columna de a cinco encorvados bajo la pesada piel de cabra llena de agua.

—El hombre que los guía es hermoso –dijo Kobi señalando al hombre que tocaba la campana y andaba al frente de todos. –En su país es fácil encontrar a hombres hermosos.

—Hay varios rostros bellos en la fila –dijo Bansir–, tanto como los nuestros. Hombres altos y rubios del norte, hombres negros y risueños del sur y pequeños y morenos de los países vecinos. Todos caminan juntos del río a los jardines y de los jardines al río, cada día de cada año. No pueden esperar ninguna felicidad. Duermen sobre lechos de paja y comen gachas. ¡Me dan pena esos pobres animales, Kobi!

—A mí también me dan pena. Pero me hacen recordar que nosotros no estamos mucho mejor que ellos, aunque nos llamemos libres.

—Es cierto, Kobi, pero no me gusta pensar en eso. No queremos seguir viviendo como esclavos año tras año. Trabajar, trabajar, trabajar... ¡Y no llegar a nada!

—¿No deberíamos intentar averiguar cómo los otros consiguieron su oro y hacer como ellos? Preguntó Kobi.

—Tal vez haya un secreto que podemos aprender simplemente si encontramos a los que lo conocen, —respondió Bansir pensativo.

—Hoy mismo –añadió Kobi– me he cruzado con nuestro viejo amigo Arkad, que se paseaba en su carro dorado. Te diré que ni me ha mirado; una cosa que algunos de los de su clase creen tener derecho a hacer. En vez de eso, ha hecho una señal con la mano para que los espectadores pudieran verle saludar y conceder el favor de una sonrisa amable a Kobi, el músico.

—Sí, dicen que es el hombre más rico de toda Babilonia –dijo Bansir.

—Tan rico que el rey recurre a su oro para asuntos del tesoro –contestó Kobi.

—Tan rico que si me lo encontrara de noche estaría tentado de vaciarle la bolsa –comentó Bansir.

—¡Eso es absurdo! –Replicó Kobi–. La fortuna de un hombre no está en la bolsa que lleva consigo. Una bolsa bien repleta se vacía con rapidez si no hay una fuente de oro para alimentarla. Arkad tiene unos ingresos que mantienen su bolsa llena, gaste como gaste su dinero.

—¡Los ingresos, eso es lo importante! –Dijo Bansir–. Deseo una renta que continúe alimentando mi bolsa, tanto si me quedo sentado en el muro de mi casa como si viajo a lejanos países. Arkad debe de saber cómo un hombre puede asegurarse una renta. ¿Crees que será capaz de explicárselo a alguien con una mente tan torpe cómo la mía?

—Creo que enseñó su saber a su hijo Nomasir –respondió Kobi–. Este fue a Nínive y, según dicen en la posada, se convirtió en uno de los hombres más ricos de la ciudad sin la ayuda de su padre.

—Kobi, lo que acabas de decir ha hecho nacer en mí una luminosa idea –un nuevo brillo apareció en los ojo de Bansir–. Nada cuesta pedirle un sabio consejo a un buen amigo y Arkad siempre ha sido un amigo. No importa que nuestras bolsas estén tan vacías como el nido de halcón del año anterior. No nos detengamos por eso. No nos inquietemos por no poseer oro en medio de la abundancia. Deseamos ser ricos. ¡Ven! Vayamos a ver a Arkad y preguntémosle cómo podríamos conseguir ganancias por nosotros mismos.

—Hablas poseído por una auténtica inspiración, Bansir. Traes a mi mente una nueva visión de las cosas. Me haces tomar conciencia de la razón por la que nunca hemos tenido nuestra parte de riqueza. Nunca la hemos buscado activamente. Tú has trabajado con paciencia para construir los carros más sólidos de Babilonia. Has concentrado en ello todos tus esfuerzos y lo has conseguido. Yo me he esforzado en convertirme en un hábil músico y lo he logrado.

En lo que nos hemos propuesto triunfar, hemos triunfado. Los dioses estaban contentos de dejarnos continuar así. Ahora, por fin vemos una luz tan brillante como el amanecer. Nos ordena que aprendamos más para hacernos más prósperos. Encontraremos, con un nuevo entendimiento, maneras honorables de cumplir nuestros deseos.

—Vayamos hoy a ver a Arkad dijo Bansir–. Pidámosles a los amigos de nuestra infancia que tampoco han triunfado que se unan a nosotros y que compartan con nosotros esa sabiduría.

—Eres en verdad un amigo considerado, Bansir. Por eso tienes tantas amistades. Haremos como dices. Vayamos hoy a buscarlos y llevémoslos con nosotros.

3

EL HOMBRE MÁS RICO DE BABILONIA

En la antigua Babilonia vivía un hombre muy rico que se llamaba Arkad. Su inmensa fortuna lo hacía admirado en todo el mundo. También era conocido por su prodigalidad. Daba generosamente a los pobres. Era espléndido con su familia. Gastaba mucho en sí mismo. Pero su fortuna se acrecentaba cada año más de lo que podía gastar.

Un día, unos amigos de la infancia lo fueron a ver y le dijeron:

—Tú, Arkad, eres más afortunado que nosotros. Te has convertido en el hombre más rico de Babilonia mientras que nosotros todavía luchamos por subsistir. Tú puedes llevar las más bellas ropas y regalarte con los más raros manjares, mientras que nosotros nos hemos de conformar con vestir a nuestras familias de manera apenas decente y alimentarlas tan bien como podemos.

Sin embargo, en un tiempo fuimos iguales. Estudiamos con el mismo maestro. Jugamos a los mismos juegos y tú no nos superabas en ellos, ni en los estudios. Y durante esos años, no fuiste mejor ciudadano que nosotros.

Y por lo que podemos juzgar, no has trabajado más duro ni más arduamente que nosotros. ¿Por qué entonces te elige a ti la suerte caprichosa para que goces de todas las cosas buenas de la vida y a nosotros, que tenemos los mismos méritos, nos ignora?

—Si no han conseguido con qué vivir de manera sencilla desde los años de nuestra juventud –los reprendió Arkad–, es porque olvidaron aprender las reglas que permiten acceder a la riqueza, o también puede ser porque no las han respetado.

"La fortuna caprichosa" es una diosa malvada que no favorece siempre a las mismas personas. Al contrario, lleva a la ruina a casi todos los hombres sobre los que ha hecho llover oro sin que hicieran esfuerzo alguno. Hace actuar de manera desordenada a los derrochadores irreflexivos que gastan todo lo que ganan, dejándoles tan solo apetitos y deseos tan grandes que no puedan saciarlos. En cambio, otros de aquellos a los que favorece se vuelven avaros y atesoran sus bienes por miedo a gastar los que tienen, pues saben que no son capaces de reponerlos. Además, siempre temen ser asaltados por los ladrones y se condenan a vivir una vida vacía, solos y miserables.

Probablemente, existen otros que pueden usar la fortuna que han ganado sin esfuerzo, hacerlo rendir y continuar siendo hombres felices y ciudadanos satisfechos. Sin embargo, son poco numerosos. Solo los conozco de oídas. Pensad en los hombres que repentinamente han heredado fortunas y decidme si esto que os digo no es cierto.

Sus amigos pensaron que estas palabras eran verídicas, pues sabían de hombres que habían heredado fortunas. Entonces, le pidieron que les explicara cómo se había convertido en un hombre tan próspero.

—En mi juventud –continuó–, miré a mi alrededor y vi todas las buenas cosas que me podían dar felicidad y satisfacción, y me di cuenta de que la riqueza aumentaba el poder de esos bienes.

La riqueza es un poder, la riqueza hace posible muchas cosas. Permite:

Amueblar una casa con los más bellos enseres.

Navegar por mares lejanos.

Degustar finos manjares de países exóticos.

Comprar los adornos del orfebre y del joyero.

Construir incluso grandiosos templos para los dioses.

Todas esas cosas y aún muchas otras que procuran placer a los sentidos y satisfacción al alma.

Cuando comprendí todo eso, me prometí que yo tendría mi parte de las cosas buenas de la vida. Que no sería uno de esos que se mantienen al margen, mirando con envidia cómo los otros gozan de su fortuna. No me conformaría con ropas menos caras que no fueran respetables. No me contentaría con la vida de un pobre hombre. Al contrario, estaría invitado al banquete de las buenas cosas.

Siendo, como ya ustedes saben, el hijo de un humilde comerciante, y miembro de una familia numerosa, no tenía ninguna esperanza de heredar, ni estaba especialmente dotado de fuerza, ni de sabiduría, como me acaban de decir ustedes con tanta franqueza; así que decidí que, si quería obtener lo que deseaba, necesitaría invertir en tiempo y estudio.

En cuanto al tiempo, todos los hombres lo tienen en abundancia. Ustedes han dejado pasar el tiempo necesario para enriquecerse. Y sin embargo, admiten que no tienen otros bienes que mostrar que no sean sus buenas familias, de las que tienen razón de estar orgullosos.

En lo que concierne al estudio, ¿no nos enseñó nuestro sabio profesor que posee dos niveles? El de las cosas que ya hemos aprendido y que ya sabemos; y la formación que nos muestra cómo descubrir las que no sabemos.

Así, decidí buscar qué había que hacer para acumular riquezas, y cuando lo supe, me creí en la obligación de hacerlo –y de hacerlo bien. Pues ¿acaso no es sabio el querer aprovechar la vida mientras nos ilumina el sol ya que la desgracia pronto se abatirá sobre nosotros en el momento que partamos hacia la negrura del mundo de los espíritus?

Encontré un puesto de escriba en una sala de archivos en la que trabajaba durante largas horas todos los días, sobre las tablillas de barro, semana tras semana, mes tras mes; sin embargo, nada me quedaba de lo que ganaba. La comida, el vestido, lo que correspondía a los dioses y otras cosas de las que ya no me acuerdo absorbían todos mis beneficios. Pero todavía estaba decidido. Y un día, Algamish el prestamista vino a la casa del señor de la ciudad y encargó una copia de la novena ley; me dijo:

—La tengo que tener en mi poder dentro de dos días; si el trabajo está hecho a tiempo te daré dos monedas de cobre.

Así que trabajé duro, pero la ley era larga y cuando Algamish volvió, no había terminado el trabajo. Estaba enfadado; si hubiera sido su esclavo, me habría pegado. Pero como sabía que mi amo no lo habría permitido, no tuve miedo y le pregunté:

—Algamish, eres un hombre rico. Dime cómo puedo hacerme rico y trabajaré toda la noche escribiendo en las tablillas para que cuando el sol se levante la ley esté ya grabada.

Él me sonrió y respondió:

—Eres un joven astuto, acepto el trato.

Pasé toda la noche escribiendo, aunque me dolía la espalda y el mal olor de la lámpara me daba dolor de cabeza, hasta que casi ya no podía ni ver. Pero cuando él regresó al amanecer, las tablillas estaban terminadas.

—Ahora, dije, cumple tu promesa.

—Has hecho tu parte del trato, hijo mío, –me dijo bondadosamente, y estoy dispuesto a cumplir la mía. Te diré lo que deseas saber porque me vuelvo viejo y a las lenguas viejas les gusta hablar; y cuando un joven se dirige a un viejo para recibir un consejo, bebe de la fuente de la sabiduría que da la experiencia. Demasiadas veces, los jóvenes creen que los viejos solo conocen la sabiduría de los tiempos pasados y de ese modo no sacan provecho de ella. Pero recuerda esto: el sol que brilla ahora es el mismo que brillaba cuando nació tu padre y el mismo que brillará cuando muera el último de tus nietos".

Las ideas de los jóvenes son luces resplandecientes que brillan como meteoros que iluminan el cielo; pero la sabiduría del anciano es como las estrellas que lucen siempre de la misma manera, de modo que los marinos puedan confiar en ellas.

Guarda bien estas palabras si quieres captar la verdad de lo que te voy a decir y no pienses que has trabajado en vano durante toda la noche.

Entonces, bajo las pobladas cejas, sus ojos me miraron fijamente y dijo en voz baja pero firme:

—Encontré el camino de la riqueza cuando decidí que una parte de todo lo que ganaba me tenía que pertenecer. Lo mismo será verdad en tu caso.

Después continuó mirándome y su mirada me atravesó; no añadió nada más.

—¿Eso es todo? Pregunté.

—¡Fue suficiente para convertir en prestamista de oro a un pastor! Respondió.

— Pero puedo conservar todo lo que gano, ¿no? Le pregunté.

— ¡En absoluto! ¿No le pagas al zapatero? ¿No pagas al sastre? ¿No pagas por la comida? ¿Podrías vivir en Babilonia sin gastar? ¿Qué te quedó de todo lo que ganaste durante el año pasado? ¡Idiota! Le pagas a todo el mundo menos a ti. Trabajas para los otros. Lo mismo daría que fueras un esclavo y trabajaras para tu dueño, quien te daría lo que necesitaras para comer y vestir.

Si guardaras la décima parte de lo que ganas en un año, ¿cuánto tendrías en diez años?

Mis conocimientos de cálculo me permitieron responder:

—Tanto como gano en un año.

Él replicó:

—Lo que dices es una verdad a medias. Cada moneda de oro que ahorras es una esclava que trabaja para ti. Cada una de las pequeñas monedas que esta te proporcionará engendrará otras que también trabajarán para ti. ¡Si quieres hacerte rico, tus ahorros deben rendirte más ahorros y estos rendirte a su vez! Todo esto te ayudará a conseguir la abundancia de que estás ávido.

Crees que te pago mal por la larga noche de trabajo, pero en verdad te pago mil veces; solo hace falta que captes la verdad de lo que te he presentado.

Una parte de lo que ganas es vuestra y la puedes conservar. No debe ser menos de una décima parte, sea cual sea la cantidad que ganes. Puede ser mucho más cuando te lo puedas permitir. Primero, págate a ti mismo. No les compres ni al zapatero, ni al sastre más de lo que puedas pagar con lo que te quede, de modo que tengas suficiente para la alimentación, la caridad y la devoción a los dioses.

La riqueza, como el árbol, nace de una semilla. La primera moneda que ahorres será la semilla que hará crecer el árbol de tu riqueza. Cuanto antes plantes tu semilla, antes crecerá el árbol. Cuanto más fielmente riegues o abones tu árbol, más te refrescarás satisfecho bajo su sombra.

Habiendo dicho esto, cogió sus tablillas y se fue.

Pensé mucho en lo que me había dicho y me pareció razonable. Así que decidí que lo intentaría. Cada vez que me pagaban, tomaba una moneda de cobre de cada diez y la guardaba. Y por extraño que parezca, no me faltaba más dinero que antes. Tras habituarme, casi ni me daba cuenta, pero a menudo estaba tentado de gastar mi tesoro, que empezaba a crecer, para comprar algunas de las buenas cosas que mostraban los mercaderes, cosas traídas por los camellos y los barcos del país de los fenicios. Pero me retenía con prudencia.

Doce meses después de la visita de Algamish, este volvió y me dijo:

—Hijo mío, ¿te has pagado con la décima parte de lo que ganaste este año?

Yo respondí orgulloso:

—¡Sí, maestro!

—Bien, respondió contento, ¿qué has hecho con ella?

—Se la he dado a Azmur, el fabricante de ladrillos. Me ha dicho que viajaría por mares lejanos y que les compraría joyas raras a los fenicios en Tiro para luego venderlas aquí a elevados precios y compartiríamos las ganancias.

—Se aprende a golpes. ¿Cómo confiaste en un fabricante de ladrillos sobre una cuestión de joyas? ¿Irías a ver al panadero por un asunto de las estrellas? Seguro que no; si pensaras un poco, irías a ver a un astrónomo. Has perdido tus ahorros, mi joven amigo; cortaste de raíz tu árbol de la riqueza. Pero planta otro. Y la próxima vez, si quieres un consejo sobre joyas, anda a ver a un joyero. Si quieres saber la verdad sobre los corderos, anda a ver al pastor. Los consejos son una cosa que se da gratuitamente, pero toma tan solo los buenos. Quien le pide consejo sobre sus ahorros a alguien que no es entendido en la materia habrá de pagar con sus finanzas el precio de la falsedad de dichos consejos.

Tras decir esto, se fue.

Y pasó como él había predicho, pues los fenicios resultaron ser unos canallas y le habían vendido a Azmur trozos de vidrio sin valor que parecían piedras preciosas. Pero, como me había indicado Algamish, volví a ahorrar una moneda de cobre de cada diez que ganaba ya que me había acostumbrado y no me era difícil.

Doce meses más tarde, Algamish volvió a la sala de los escribas y se dirigió a mí.

—¿Qué progresos has realizado desde la última vez que te vi?

—Me he pagado regularmente, repliqué, y le he confiado mis ahorros a Ager, el fabricante de escudos, para que compre bronce y cada cuatro meses me paga los intereses.

—Muy bien. ¿Y qué haces con esos intereses?

—Me doy un gran festín con miel, buen vino y pastel de especias. También me he comprado una túnica escarlata. Y algún día me compraré un asno joven para poder pasear.

Al oír eso, Algamish se echó a reír y luego me dijo:

—¡Te comes los beneficios de vuestros ahorros! Así, ¿cómo quieres que trabajen a tu favor? ¿Cómo te producirán a su vez más beneficios? Procura primero un ejército de esclavos de oro y después sí podrás gozar de los banquetes que quieras sin preocuparte.

Tras esto, no lo volví a ver en dos años. Cuando regresó, su rostro estaba cubierto de arrugas y tenía los ojos hundidos; se estaba haciendo viejo. Allí, me dijo:

—Arkad, ¿ya eres rico, tal como soñabas?

Y yo respondí:

—No, todavía no poseo todo lo que deseo; solo una parte, pero obtengo beneficios que se están multiplicando.

—¿Y todavía les pides consejo a los fabricantes de ladrillos?

—Respecto a la manera de fabricar ladrillos, dan buenos consejos, repliqué.

Arkad, continuó,

—Has aprendido bien la lección. Primero, aprendiste a vivir con menos de lo que ganabas; después, aprendiste a pedirles consejo a hombres que fueran competentes gracias a la experiencia adquirida y que quisieran compartirla; y finalmente, has logrado que tu dinero trabaje para ti.

Has aprendido por tu propia experiencia la manera de conseguir dinero, de conservarlo y de usarlo. De modo que eres competente y estás preparado para asumir un puesto de responsabilidad. Yo me hago viejo, mis hijos solo piensan en gastar y nunca en ganar. Mis negocios son muy grandes y tengo miedo de no poderme encargar de ellos. Si quieres ir a Nipur a encargarte de mis tierras, te haré mi socio y compartiremos los beneficios.

Así que fui a Nipur y me encargué de los negocios importantes, y como estaba lleno de ambición y había aprendido las tres reglas de gestión de la riqueza pude aumentar grandemente el valor de sus bienes. De modo que cuando el espíritu de Algamish se fue al mundo de las tinieblas, tuve derecho a una parte de sus propiedades, como él había convenido conforme a la ley.

Así habló Arkad, y cuando hubo acabado de contar su historia, uno de los amigos habló.

—Tuviste una gran suerte de que Algamish te hiciera su heredero.

—Solamente tuve la gran suerte de querer prosperar antes de encontrarlo. ¿Acaso no probé durante cuatro años mi determinación al guardar una décima parte de lo que ganaba? ¿Dirías que tiene suerte el pescador que pasa largos años estudiando el comportamiento de los peces y consigue atraparlos gracias a un cambio del viento, tirando sus redes justo en el momento preciso? La oportunidad es una diosa arrogante que no pierde el tiempo con los que no están preparados.

—Hiciste prueba de mucha voluntad cuando continuaste después de haber perdido los ahorros de tu primer año. ¡Fuiste extraordinario! –exclamó otro.

—¡Voluntad! –Replicó Arkad–. ¡Qué absurdo! ¿Crees que la voluntad le da al hombre la fuerza para levantar un fardo que no puede transportar un camello o que no que no puede tirar un buey? La voluntad no es más que la determinación inflexible de llevar a cabo lo que te has impuesto.

Cuando yo me impongo un trabajo, por pequeño que sea, lo acabo. De otro modo, ¿cómo podría confiar en mí mismo para realizar trabajos importantes? Si me propongo que durante cien días, cada vez que pase por el puente que lleva a la ciudad cogeré una piedra y la tiraré al río, lo haré. Si el séptimo día pasó sin acordarme, no me digo que pasaré el día siguiente, tiraré dos piedras, y será igual. En vez de eso, me devolveré y tiraré la piedra al río. El vigésimo día no me diré que todo esto es inútil, ni me preguntaré de qué sirve tirar piedras al río cada día; podría tirar un puñado de piedras y habría acabado todo. Pero, no, no diré eso ni lo haré. Cuando me impongo un trabajo, lo hago; de modo que procuro no comenzar trabajos difíciles o imposibles porque me gusta tener tiempo libre.

Entonces, otro de los amigos elevó la voz.

—Si lo que dices es cierto, y si, como tú has dicho, es razonable, entonces todos los hombres podrían hacerlo, y si todos lo hicieran, no habría suficiente riqueza para todo el mundo.

—La riqueza aumenta cada vez que los hombres gastan sus energías —respondió Arkad—. Si un hombre rico se construye un nuevo palacio, ¿se pierde el oro con el que paga? No, el fabricante de ladrillos tiene una parte, el trabajador otra, el artista la suya. Y todos los que trabajan en la construcción del palacio reciben una parte. Y cuando el palacio está terminado, ¿acaso no tiene el valor de lo que ha costado? ¿Y el terreno sobre el que está construido no adquiere por este hecho más valor? La riqueza crece de manera mágica. Ningún hombre puede predecir su límite. ¿Acaso no han levantado los fenicios grandes ciudades en áridas costas gracias a las riquezas traídas por sus barcos mercantes?

—¿Qué nos aconsejas para que nosotros también nos hagamos ricos? Le preguntó uno de los amigos—. Los años han ido pasando, ya no somos jóvenes y no tenemos dinero que ahorrar.

—Les recomiendo que pongan en práctica los sabios principios de Algamish; y recuerden: una parte de todo lo que gano me revierte y la he de conservar. Tengan esto presente al levantarse y al acostarse, al mediodía, por la tarde, cada hora de cada día hasta que estas palabras resalten como letras de fuego en el cielo.

Imprégnense de esta idea, de este pensamiento. Tomen la porción que les parezca prudente de lo que ganen, que no sea menos de la décima parte, y consérvenla. Organicen sus gastos en consecuencia. Pero lo primero es guardar esa parte. Pronto conocerán la agradable sensación de poseer un tesoro que solo les pertenece a ustedes, que a medida que aumenta, los estimula. Un nuevo placer de vivir los animará. Si hacen mayores esfuerzos, obtendrán más. Si sus beneficios crecen, aunque el porcentaje sea el mismo, sus ganancias serán mayores, ¿no?

Cuando lleguen a este punto, aprendan a hacer trabajar su dinero a su favor y conviértanlo en su esclavo. Hagan que los hijos de su esclavo y los hijos de sus hijos trabajen para ustedes.

Asegúrense una renta para el futuro. Miren a los ancianos y no olviden que ustedes serán uno de ellos. Inviertan su patrimonio con la mayor prudencia para no perderlo. Los intereses de los usureros son irresistibles cantos de sirena que atraen a los imprudentes hacia las rocas de la perdición y el remordimiento.

Vigilen que su familia no pase necesidad si los dioses los llaman a su reino. Para asegurarles esta protección, siempre se pueden ir desembolsando pequeñas cantidades a intervalos regulares. El hombre prudente no confía en recibir una gran suma de dinero si no lo ha visto antes.

Consulten a los hombres sabios. Busquen el consejo de quienes manejan dinero todos los días.

Permitan que ellos les ahorren errores como el que yo cometí al confiarle mi dinero al juicio de Azmur, el fabricante de ladrillos. Es preferible un pequeño interés seguro a un gran riesgo.

Aprovechen la vida mientras están en este mundo; no hagan demasiadas economías. Si la décima parte de lo que ganan es una cantidad razonable que pueden ahorrar, conténtense con esa porción. A parte de esto, vivan de manera conforme con sus ingresos y no se vuelvan roñosos ni tengan miedo de gastar. La vida es bella y está llena de cosas buenas que pueden disfrutar.

Tras decir esto, sus amigos le dieron las gracias y se fueron. Algunos permanecían silenciosos porque no tenían imaginación, ni podían comprender; otros sentían rencor porque pensaban que alguien tan rico había podido compartir su dinero con ellos; pero, unos terceros tenían un nuevo brillo en los ojos. Habían comprendido que Algamish había vuelto a la sala de los escribas para mirar atentamente a un hombre que se estaba trazando un camino hacia la luz. Una vez la hubiera encontrado, ya tendría una posición. Sabían que nadie podía ocupar este lugar sin antes haber llegado a comprender todo esto por sí mismo y sin estar dispuesto a aprovechar la ocasión cuando se presentara.

Estos últimos fueron los que, durante los años siguientes, visitaron asiduamente a Arkad, quien los recibía con alegría. Les aconsejó y les dio su sabiduría de modo gratuito como gustan de hacer siempre los hombres de larga experiencia. Les ayudó a invertir sus ahorros de modo que les dieran un interés seguro y no fueran malgastados en malas inversiones que no habrían dado ningún beneficio.

El día que tomaron conciencia de la verdad que había sido trasmitida de Algamish a Arkad y de Arkad a ellos, esta fue un hito en sus vidas.

INVIERTAN UNA PARTE DE LO QUE GANAN EN USTEDES MISMOS Y CONSÉRVENLA

4

SIETE MANERAS DE LLENAR UNA BOLSA VACÍA

La gloria de Babilonia persiste; a través de los siglos, ha conservado la reputación de haber sido una de las ciudades más ricas y con más fabulosos tesoros. Pero no siempre fue así. Las riquezas de Babilonia son el resultado de la sabiduría de sus habitantes, que primero tuvieron que aprender la manera de hacerse ricos.

Cuando el buen Rey Sargón regresó a Babilonia después de vencer a los elamitas, sus enemigos, se encontró ante una situación grave; el canciller real le explicó las razones de ello:

—Tras varios años de gran prosperidad que nuestro pueblo debe a Vuestra Majestad, quien ha construido grandes canales de riego y grandes templos para los dioses, ahora que las obras se han acabado, el pueblo parece no poder cubrir sus necesidades.

Los obreros no tienen trabajo, los comerciantes tienen escasos clientes, los agricultores no logran vender sus productos, el pueblo no tiene oro suficiente para comprar comida.

—¿Pero a dónde ha ido todo el dinero que hemos gastado en esas mejoras? – Preguntó el rey.

—Me temo mucho que ha ido a parar a manos de algunos pocos hombres muy ricos de nuestra ciudad –respondió el canciller–. Ha pasado por entre los dedos de la mayoría de nuestras gentes tan rápido como la leche de cabra pasa por el colador. Ahora que la fuente de oro ha dejado de surtir, la mayoría de nuestros ciudadanos vuelve a no poseer nada.

—¿Por qué tan pocos hombres pudieron conseguir todo el oro? Preguntó el rey después de estar pensativo durante unos instantes.

—Porque saben cómo hacerlo –respondió el canciller–. No se puede condenar a un hombre porque logra el éxito; tampoco se puede, en buena justicia, cogerle el dinero que ha ganado honradamente para dárselo a los que no han sido capaces de hacer lo mismo.

—Pero ¿por qué no pueden todos los hombres aprender a hacer fortuna y así hacerse ricos?

—Vuestra pregunta contiene su propia respuesta, Vuestra Majestad, ¿quién posee la mayor fortuna de la ciudad Babilonia?

—Es cierto, mi buen canciller, es Arkad. Él es el hombre más rico de Babilonia, tráemelo mañana.

El día siguiente, como había ordenado el rey, se presentó ante él Arkad, bien derecho y con la mente despierta a pesar de su edad avanzada.

—¿Poseías algo cuando empezaste?

—Solo un gran deseo de riqueza. Aparte de eso, nada.

—Arkad –continuó el rey–, nuestra ciudad se encuentra en una situación muy delicada porque son pocos los hombres que conocen la manera de adquirir riquezas. Esos babilonios monopolizan el dinero mientras la masa de ciudadanos no sabe cómo actuar para conservar una parte del oro que recibe en pago.

Deseo que Babilonia sea la ciudad más rica del mundo, y eso significa que debe haber muchos hombres ricos. Tenemos que enseñarle a toda la población cómo conseguir riquezas. Dime, Arkad, ¿existe un secreto para hacerlo? ¿Puede ser transmitido?

—Es una cuestión práctica, Vuestra Majestad. Todo lo que sabe un hombre puede ser enseñado.

—Arkad —los ojos del rey brillaban—, has dicho justamente las palabras que deseaba oír. ¿Te ofrecerías para esa gran causa? ¿Enseñarías tu ciencia a un grupo de maestros? Cada uno de ellos enseñaría a otros hasta que hubiera un número suficiente de educadores para instruir a todos los súbditos capacitados de mi reino.

—Soy vuestro humilde servidor —dijo Arkad con una reverencia—. Compartiré gustoso toda la ciencia que poseo por contribuir con el bienestar de mis conciudadanos y para la gloria de mi rey. Haced que vuestro buen canciller organice un grupo de cien hombres y yo les enseñaré las siete maneras que han permitido que mi fortuna floreciera cuando no había en Babilonia bolsa más vacía que la mía.

Dos semanas más tarde, las cien personas elegidas estaban en la gran sala del Templo del Conocimiento del rey, estaban sentadas en coloreadas alfombras y formaban un semicírculo. Arkad se sentó junto a un pequeño taburete en el que humeaba una lámpara sagrada que desprendía un olor extraño y agradable.

—Mira al hombre más rico de Babilonia, no es diferente a nosotros —susurró un estudiante al oído de su vecino cuando se levantó Arkad.

—Como leal súbdito de nuestro rey —empezó Arkad—, me encuentro ante ustedes para servirles. Me han pedido que les transmita mi saber, ya que, en un tiempo, yo fui un joven pobre que deseaba con todas mis ansias poseer riquezas y encontré el modo de conseguirlas.

Empecé de la manera más humilde. No tenía más dinero que ustedes, ni más que la mayoría de los ciudadanos de Babilonia para gozar de la plenitud de la vida.

El primer lugar donde guardé mis tesoros era una ajada bolsa. Detestaba verla así, vacía e inútil. Deseaba que estuviera abultada y llena, que el oro sonara en ella. Por eso me esforcé por encontrar las maneras de llenarla y encontré siete.

Les explicaré a todos ustedes, los que se han reunido ante mí, estas siete maneras que les recomiendo a todos los hombres que quieran conseguir dinero por montones. Cada día les explicaré una de las siete y así haremos durante siete días.

Escuchen con atención la ciencia que les voy a comunicar; debatan las cuestiones conmigo, discútanlas entre ustedes. Aprendan estas lecciones a fondo para que sean la semilla de una riqueza que hará florecer su fortuna. Cada uno debe comenzar a construirla sabiamente; cuando ya sean competentes, y solo entonces, les enseñarán estas verdades a otros.

Les mostraré maneras sencillas de llenar sus bolsas. Paso a paso llegaremos al templo de la riqueza. Pero nadie llegará a él si antes no afirma sus pies en el primer escalón. Hoy nos dedicaremos a reflexionar sobre la primera manera.

PRIMERA: EMPIECEN A LLENAR SUS BOLSILLOS

Arkad se dirigió a un hombre que lo escuchaba muy atento desde la segunda fila:

—Mi buen amigo, ¿a qué te dedicas?

—Soy escriba –respondió el hombre–, grabo documentos en tablillas de barro.

—Yo gané las primeras monedas haciendo el mismo trabajo. De modo que tú tienes la misma oportunidad que yo para amasar una fortuna.

Después, se dirigió a un hombre de rostro moreno que se encontraba más atrás:

—Dime, por favor, con qué trabajo te ganas el pan.

—Soy carnicero –respondió el hombre–. Compro cabras a los granjeros y las sacrifico; luego, les vendo la carne a las mujeres y la piel a los fabricantes de sandalias.

—Dado que tienes un trabajo y un salario, tú también tienes las mismas armas que tuve yo para triunfar.

Arkad les preguntó a todos cómo se ganaban la vida y prosiguió:

—Ya ven, queridos estudiantes –les dijo cuando hubo terminado de hacerles preguntas–, que hay varios trabajos y oficios que le permiten al hombre ganar dinero. Cada uno de ellos es un filón de oro del que todo trabajador obtiene una parte para su propia bolsa gracias a su esfuerzo. Esto significa que la fortuna es un río de monedas de plata, grandes o pequeñas según sea nuestra habilidad personal. ¿No es así?

Todos estuvieron de acuerdo.

—Entonces –continuó Arkad–, si uno de ustedes desea acumular un tesoro propio, ¿no sería sensato empezar usando esta fuente de riqueza que ya él conoce?

De nuevo, todos estuvieron de acuerdo. En ese momento, Arkad se volvió hacia un hombre humilde que había declarado ser vendedor de huevos:

—¿Qué pasará si tomas una de tus cestas y todas las mañanas colocas en ella diez huevos y por la noche retiras nueve?

—Que al final rebosarán.

—¿Por qué?

—Porque cada día pongo uno más de los que quito.

Arkad se volvió hacia toda la clase sonriendo y preguntó:

—¿Hay alguien aquí que tenga la bolsa vacía?

Los hombres se miraron divertidos, rieron y, por último, sacudieron sus bolsas bromeando.

—Bien –continuó Arkad–. Ahora conocerán el primer método para llenar los bolsillos. Hagan lo mismo que le he sugerido al vendedor de huevos. De cada diez monedas que ganen y guarden en sus bolsas, retiren solo nueve para gastar. Sus bolsas empezarán a abultarse rápidamente, el peso de las monedas aumentará y ustedes sentirán una agradable sensación cuando la sostengan. Esto les producirá satisfacción personal. Y no se burlen de esto que les digo por simple que les parezca. La verdad siempre es simple. Ya les dije que les contaría cómo amasé mi fortuna.

Así fueron mis comienzos. Yo también tuve mi bolsa vacía y la maldije porque no contenía nada con qué satisfacer mis deseos. Pero cuando decidí sacar de ella solo nueve de cada diez monedas que metiera, empezó a abultarse. Lo mismo les ocurrirá a las de ustedes.

Les diré una extraña verdad cuyo principio desconozco: cuando empecé a gastar solo las nueve décimas partes de lo que ganaba, me las arreglé igual de bien que cuando lo gastaba todo. No tenía menos dinero que antes. Además, con el tiempo obtenía dinero con más facilidad. Tal vez sea una ley de los dioses que hace que, para los que no gastan todo lo que ganan y guardan un parte, sea más fácil conseguir dinero; del mismo modo que el oro no va a parar a manos de quien tiene los bolsillos vacíos.

¿Qué desean con más fuerza? ¿Satisfacer los deseos de cada día, tener joyas, muebles, mejores ropas, más comida, cosas que desaparecen y olvidamos fácilmente? ¿O bienes sustanciales como el oro, las tierras, los rebaños, las mercancías, los beneficios de las inversiones? Las monedas que tomen de sus bolsas les darán las primeras cosas; las que no retiren, esas serán las que les proporcionarán los segundos bienes que les he enumerado.

Este es, queridos estudiantes, el primer medio que he descubierto para llenar una bolsa vacía: *de cada diez monedas que ganen, gasten solo nueve. Discútanlo entre ustedes. Si alguno logra probar que esto no es cierto, que lo diga mañana cuando nos volvamos a encontrar.*

SEGUNDA: CONTROLEN SUS GASTOS

Se dirigió Arkad a los estudiantes el segundo día:

Algunos de ustedes me han preguntado lo siguiente: "¿Cómo voy a guardar la décima parte de lo que gano cuando ni las diez décimas partes son suficientes para cubrir mis necesidades más apremiantes?"

¿Cuántos de ustedes tenían ayer una fortuna más bien escasa?

Todos respondieron.

Y sin embargo, ¿no ganan todos lo mismo? Algunos ganan mucho más que otros. Otros tienen familias más numerosas que alimentar. Y en cambio, todas las bolsas estaban igual de vacías. Les diré una verdad que concierne a los hombres y a sus hijos: si no hacemos algo para evitarlo, los gastos que llamamos obligatorios siempre crecen en proporción a nuestros ingresos.

No confundan sus gastos obligatorios con sus deseos. Todos ustedes y sus familias tienen más deseos de los que pueden satisfacer. Usen su dinero para satisfacerlos, pero dentro de unos límites, pues todavía les quedan muchos sin cumplir.

Todos los hombres se debaten contra más deseos de los que pueden realizar. ¿Acaso creen que, gracias a mi riqueza, yo satisfago todos los míos? Esa es una idea falsa. Mi tiempo es limitado, mis fuerzas son limitadas, las distancias que puedo recorrer son limitadas, lo que puedo comer, los placeres que puedo sentir, todo esto es limitado.

Les digo esto para que comprendan que los deseos germinan libremente en el espíritu del hombre cada vez que hay una posibilidad de satisfacerlos; abundan de la misma manera que las malas hierbas en el campo cuando el labrador les deja un espacio. Los deseos son muchos, pero los que podemos satisfacer son pocos.

Estudien con atención sus hábitos de vida. Descubrirán que sí es posible reducir o eliminar la mayoría de las necesidades que ustedes consideran como básicas. Aprendan a apreciar al cien por cien el valor de cada moneda que gasten.

Escriban en una tablilla todo aquello que les genere gastos. Establezcan cuáles son obligatorios y están dentro de los límites de los nueve décimos de sus ingresos. Luego, olvídense del resto y considérenlos sin pesar como parte de la multitud de deseos que debe quedarse sin satisfacción.

Establezcan su lista de gastos obligatorios y no toquen la décima parte destinada a engrosar su bolsa; hagan que ese sea su gran deseo y váyanlo cumpliendo poco a poco. Continúen trabajando según su presupuesto, sigan ajustándolo de acuerdo a sus necesidades. Que este sea su instrumento primordial sobre el cual controlan los gastos de su creciente fortuna.

Entonces, uno de los estudiantes vestido con una túnica roja y dorada se levantó:

—Soy un hombre libre –dijo–. Creo que tengo derecho a gozar de las cosas buenas de la vida. Me rebelo contra la esclavitud de un presupuesto que me fije la cantidad exacta de lo que debo gastar y en qué. Me parece que eso me impedirá gozar de muchos de mis placeres y me hará tan pequeño como un asno que lleva un pesado bulto.

—¿Quién, amigo mío, decidirá tu presupuesto? –Replicó Arkad.

—¡Yo mismo!

—En el caso de que un asno decidiera su carga, ¿crees tú que incluiría joyas, alfombras y pesados lingotes de oro? No lo creo, pondría heno, granó y una cantimplora llena de agua para el camino por el desierto.

El objetivo del presupuesto es ayudarles a aumentar su fortuna; les servirá para que tengan los bienes necesarios y, en cierta medida, para satisfacer parte de los suntuosos; los hará capaces de cumplir sus mayores deseos defendiéndolos de los caprichos fútiles. Como la luz brillante en una cueva oscura, el presupuesto les mostrará los agujeros de sus bolsas y les permite taparlos y controlar los gastos en función de metas definidas y más satisfactorias.

Esta es la segunda manera de llenar la bolsa: *Presupuesten los gastos de modo que siempre tengan dinero para pagar los que son inevitables, para darse gusto en algunas de sus distracciones y para satisfacer los deseos aceptables sin gastar más de los nueve décimos de sus ingresos.*

TERCERA: HAGAN QUE SU DINERO PRODUZCA

Así habló Arkad a su clase el tercer día:

Supongamos que ya han acumulado una gran fortuna. Que lograron disciplinarse y aprendieron a reservar una décima parte de sus ganancias; y que saben controlar sus gastos para proteger su creciente fortuna.

Ahora, veremos el modo de hacer que esta aumente. El oro guardado dentro de una bolsa contenta al que lo posee y satisface el alma del avaro pero no produce nada. La parte de las ganancias que conserven no es más que el principio; lo que les produzcan después: eso es lo que aumentará sus fortunas.

¿Cómo hacemos para que nuestro oro produzca? La primera vez que invertí dinero tuve mala suerte porque lo perdí todo. Luego les contaré. La primera inversión provechosa que realicé fue un préstamo que le hice a un hombre llamado Agar, un fabricante de escudos. Una vez al año, Agar compraba pesados cargamentos de bronce importados de mares lejanos y los utilizaba para fabricar armas. Como carecía de capital suficiente para pagarles a los mercaderes, él se lo pedía prestado a los que les sobraba dinero. Era un hombre honrado. Devolvía los préstamos con intereses cuando vendía los escudos.

Cada vez que le prestaba dinero, también le prestaba el interés que me había pagado. Entonces, no solo aumentaba el capital, sino también los intereses. Me satisfacía mucho ver cómo estas cantidades volvían a mi bolsa.

Queridos estudiantes, les digo que la riqueza de un hombre no está en las monedas que transporta en su bolsa, sino en la fortuna que amasa, en el arroyo que fluye continuamente y la va alimentando. Eso es lo que todo hombre desea. Lo que cualquiera de ustedes desea: una fuente de ingresos que les siga produciendo, estén trabajando o de viaje.

He adquirido una gran fortuna, tan grande que se dice que soy muy rico. Los préstamos que le hice a Agar fueron mi primera experiencia en el arte de invertir de forma beneficiosa. Después de esta buena experiencia, aumenté mis préstamos e inversiones a medida que acrecentaba mi capital. Cada vez, había más fuentes que alimentaban el manantial de oro que fluía hacia mi bolsa y que podía utilizar sabiamente como quisiera.

Y he aquí que mis humildes ganancias habían engendrado un montón de esclavos que trabajaban y ganaban más oro. Trabajaban para mí igual que sus hijos y los hijos de sus hijos hasta que, gracias a sus enormes esfuerzos, reuní una fortuna considerable.

El oro se amasa rápidamente cuando produce unos ingresos importantes, como observarán en la siguiente historia: un granjero llevó diez monedas de oro a un prestamista cuando nació su primer hijo y le pidió que las prestara hasta que el hijo tuviera veinte años.

El prestamista hizo lo que se le pidió y permitió un interés igual a un cuarto de la cantidad cada cuatro años. El granjero le pidió que añadiera el interés al capital porque había reservado el dinero enteramente para su hijo.

Cuando el chico cumplió veinte años, el granjero acudió a casa del prestamista para preguntar sobre el dinero. El prestamista le explicó que las diez monedas de oro ahora tenían un valor de treinta y un monedas porque gracias al interés que se ganaba sobre los intereses anteriores, la cantidad inicial se había acrecentado.

El granjero estaba muy contento y como su hijo no necesitaba el dinero, se lo dejó al prestamista. Cuando el hijo tuvo cincuenta años y el padre ya había muerto, el prestamista le devolvió ciento sesenta y siete monedas. Es decir que, en cincuenta años, el dinero se había multiplicado aproximadamente por diecisiete.

Esta es la tercera manera de llenar sus bolsas: *hagan producir cada moneda para que se parezca a la imagen de los rebaños en el campo y para que les ayude a hacer de estos ingresos el manantial de la riqueza que alimenta constantemente sus fortunas.*

CUARTA: PROTEJAN SUS AHORROS DE CUALQUIER PÉRDIDA

Esto dijo Arkad el cuarto día:

La mala suerte es un círculo brillante. El oro que contiene una bolsa debe guardarse herméticamente. Si no, desaparece. Es bueno guardar en un lugar seguro las sumas pequeñas y aprender a protegerlas antes que los dioses nos confíen las más grandes.

Quien posea oro se verá tentado en muchas ocasiones de invertir en cualquier proyecto atractivo. A veces, los amigos o familiares impacientes estarán ansiosos de ganar mucho dinero y participar de nuestras inversiones y nos urgen a hacerlo.

El primer principio de la inversión consiste en asegurar su capital. ¿Acaso es razonable cegarse por las grandes ganancias si corren el riesgo de perder su inversión? Yo diría que no.

El castigo por correr este riesgo es una posible pérdida. Estudien con cuidado la situación antes de separarse de su tesoro; cerciórense de que podrán reclamarlo con toda seguridad. No se dejen arrastrar por los deseos románticos de hacer fortuna rápidamente.

Antes de prestarle su oro a cualquiera, asegúrense de que el deudor podrá devolverles el dinero y de que goza de buena reputación. No le regalen, sin saberlo, ese tesoro que tanto les ha costado reunir.

Antes de invertir en cualquier terreno, sean conscientes de los peligros que pueden presentarse.

Mi primera inversión fue una tragedia para mí en aquel momento. Le confié mis ahorros de un año a un fabricante de ladrillos que se llamaba Azmur. Él viajaba por mares lejanos y por Tiro, y aceptó comprarme unas extrañas joyas fenicias. Solo tendríamos que venderlas a su vuelta y nos repartiríamos los beneficios para hacer fortuna. Los fenicios resultaron ser unos canallas y le vendieron piezas de vidrio coloreado. Perdí mi tesoro. Hoy, esa experiencia me impide que le confíe la compra de joyas a ningún fabricante de ladrillos.

Así que les aconsejo, con conocimiento y experiencia, que no confíen demasiado en su inteligencia y que no expongan sus tesoros a posibles trampas de inversión. Es mejor hacerles caso a los expertos sobre aquello en lo que ustedes quieren invertir para hacer que su dinero produzca. Estos consejos son gratuitos y adquirirán rápidamente el mismo valor en oro que la cantidad que quisieran invertir. En realidad, ese sería su valor real si los salvara de pérdidas.

Esta es la cuarta manera de aumentar lo que haya en sus bolsas y es de gran importancia si así evitan que estas se vacíen una vez estén llenas: *Protejan sus ahorros contra las pérdidas; inviertan solamente donde su capital esté seguro o donde puedan reclamarlo cuando así lo deseen; nunca dejen de recibir el interés que más les convenga. Consúltenles a los sabios. Pídanles consejos a aquellos que tienen experiencia en la gestión rentable de los negocios. Dejen que su sabiduría proteja sus tesoros de inversiones dudosas.*

QUINTA: HAGAN QUE SUS PROPIEDADES SEAN INVERSIONES RENTABLES

El quinto día, dijo Arkad:

Si un hombre reserva una novena parte de las ganancias que le permiten vivir y disfrutar de la vida, y si una de estas nueve partes puede convertirse en una inversión rentable sin perjudicarle, entonces sus tesoros crecerán con mayor rapidez.

Demasiados babilonios educan a sus familias en barrios de mala reputación. Los propietarios son muy exigentes y cobran unos alquileres muy altos por las habitaciones. Las mujeres no tienen espacio para cultivar las flores que alegran su corazón y el único lugar donde los hijos pueden jugar es en los sucios senderos.

La familia de un hombre no puede disfrutar de una vida plena a no ser que él posea un terreno en el que sus niños puedan jugar y su mujer cultive, además de flores, sabrosas hierbas que les den sabor a sus comidas.

El corazón del hombre se llena de alegría si puede comer higos de sus árboles y racimos de uvas de sus viñas. Si posee una casa en un lugar que lo enorgullezca, ello le infunde confianza y le anima a terminar todas sus tareas. También recomiendo que todos los hombres tengan un techo que los proteja tanto a ellos como a los suyos.

Cualquier hombre bienintencionado está capacitado para poseer una casa. ¿Acaso nuestro rey no ha ensanchado las murallas de Babilonia para que compráramos por cantidades razonables muchas tierras inservibles?

Queridos estudiantes, les digo que los prestamistas tienen en muy buen concepto a los hombres que buscan casa y tierras para sus familias. Ustedes pueden pedir dinero prestado sin dilación si es con el fin loable de pagarle al fabricante de ladrillos o al carpintero, en la medida en que dispongan de buena parte de la cantidad necesaria. Después, cuando hayan construido su casa, le pagarán al prestamista al igual que hacen con sus arrendadores. En unos cuantos años, habrán devuelto el préstamo porque cada pago que efectúen reducirá la deuda del prestamista.

Y se alegrarán, tendrán una propiedad y el único pago que realizarán será el de los impuestos reales.

Y su buena mujer irá al río con más frecuencia para lavar sus ropas y cada vez traerá una cantina llena de agua para regar sus plantas.

Y el hombre que posea casa propia será bendecido. El coste de su vida se reducirá mucho y así destinará gran parte de sus ganancias a los placeres y a satisfacer sus deseos. Esta es la quinta manera de llenarse la bolsa: *posean su casa propia.*

SEXTA: ASEGUREN INGRESOS PARA EL FUTURO

Así se dirigió Arkad a aquel grupo de gente el sexto día:

La existencia de cada hombre va de la infancia a la vejez. Este es el camino de la vida y nadie puede desviarse a menos que los dioses lo llamen prematuramente al más allá. Por este motivo, declaro: cada uno debe prever unos ingresos adecuados para su vejez y preparar a su familia para el tiempo en que ya no esté con ella con el fin de reconfortarla y satisfacer sus necesidades. Esta lección les enseñará a llenar la bolsa en los momentos en que ya no sea tan fácil para ustedes aprender.

Quien comprenda las leyes de la riqueza y de este modo obtiene un excedente cada vez mayor, deberá pensar en su futuro próximo planificando algunos ingresos o ahorrando un dinero que le dure muchos años y del cual disponga cuando sea el momento.

Hay distintas formas en que ustedes pueden procurarse lo necesario para su futuro: buscar un escondrijo y enterrar un tesoro secreto. Pero aunque lo oculten muy hábilmente, este dinero podría convertirse en el botín de los ladrones. Por este motivo, no lo recomiendo. También pueden comprar casas y tierras con este fin. Si las escogen juiciosamente, en función de su utilidad y de su valor futuro, sus propiedades tendrán un valor que se acrecentará y sus beneficios y su venta les recompensarán según los objetivos que se hayan fijado.

Otra forma es prestarle una pequeña suma de dinero al prestamista y aumentarla a intervalos regulares. Los intereses que el prestamista añada contribuirán ampliamente a aumentar el capital. Conozco a un fabricante de sandalias llamado Ansan que me explicó no hace mucho tiempo que, cada semana, durante ocho años, le llevó al prestamista dos monedas. El prestamista le acaba de entregar un estado de cuentas que lo alegró mucho. El total de su depósito, junto con el interés a una tasa actual de un cuarto de su valor cada cuatro años, le produjo cuarenta monedas.

Lo animé a continuar y le demostré mediante mis conocimientos matemáticos que, dentro de doce años, solo depositando semana tras semana dos monedas, obtendrá cuatro mil monedas que le servirán de sustento para el resto de sus días.

Y si un ahorro regular produce resultados tan provechosos, ningún hombre debe permitirse no asegurarse un tesoro para su vejez y para la protección de su familia sin importar hasta qué punto sus negocios e inversiones actuales sean prósperos.

Incluso, diría más. Creo que algún día habrá quienes inventen un plan para protegerse contra la muerte; los hombres pagarían con regularidad una cantidad mínima y el importe total constituiría una suma significativa que la familia del finado recibiera. Creo que esto sería muy aconsejable y lo recomiendo con vehemencia.

Pero hoy en día no es posible porque se requeriría de una entidad que funcionara con rectitud. Tendría que ser tan estable como el trono real. Creo que en el futuro existirá un plan como este y será un gran bendición para muchos porque hasta el primer pequeño pago será puesto a disposición de la familia del miembro fallecido recibiendo así una cantidad razonable para su sustento.

Pero, como vivimos en el presente y no en los días venideros, tenemos que aprovecharnos de los medios y los métodos actuales para llevar a cabo nuestros propósitos. Por ello, les recomiendo que acumulen bienes de forma sensata y meditada para cuando sean viejos pues es una desgracia ser incapaz de trabajar para ganarse la vida o dejar una familia sin protección. Esa es una tragedia dolorosa.

Este es la sexta manera, de llenarse la bolsa: *prevean unos ingresos para los días venideros y aseguren así la protección de su familia.*

SÉPTIMA: AUMENTEN SU HABILIDAD PARA ADQUIRIR BIENES

Así habló Arkad el último día:

Queridos estudiantes, hoy voy a hablarles de una de las maneras más importantes de amasar una fortuna. Pero no les hablaré del oro sino de ustedes, los hombres de vistosas ropas que están sentados frente a mí. Voy a hablarles de las cosas de la mente y de la vida de quienes trabajan a favor o en contra de su éxito.

No hace mucho tiempo, un joven que buscaba alguien que le prestara dinero me vino a ver. Cuando le pregunté sobre sus necesidades, se quejó de que sus ingresos eran insuficientes para cubrir sus gastos. Le expliqué que, en tal caso, era un cliente ruin para el prestamista porque no podría devolver el préstamo.

"Lo que necesitas, muchacho", le dije, "es ganar más dinero. ¿Qué harás para aumentar tus ingresos?"

"Todo lo que sea necesario", respondió. "He intentado hablar con mi patrón seis veces durante dos lunas para pedirle un aumento, pero no lo he conseguido. No puedo hacer más".

Su simpleza me hacía reír, pero poseía gran voluntad para aumentar sus ganancias. Tenía gran deseo de ganar más dinero.

El deseo debe preceder a la realización. Les digo que sus deseos tienen que ser fuertes y bien definidos. Los deseos vagos no son más que débiles deseos. El simple deseo de ser rico no tiene ningún valor. Si ustedes desean cinco monedas de oro, se verán empujados por un deseo tangible que tienen que culminar con urgencia. Una vez que hayan aumentado su deseo de guardar en lugar seguro cinco monedas de oro, encontrarán el modo de obtener diez monedas, luego veinte y más tarde mil; y de pronto, se harán ricos. Si aprenden a fijarse un pequeño deseo bien definido, este los llevará a fijarse otro más grande; así es como se construyen las fortunas: se empieza con cantidades pequeñas y luego se pasa a cantidades más importantes. De este modo, aprendemos y nos volvemos cada vez más hábiles.

Los deseos tienen que ser pocos y estar bien definidos. Si son demasiado numerosos, demasiado confusos o están por encima de sus capacidades, harán que sus objetivos no se cumplan.

A medida que se perfeccionen en su oficio, su remuneración aumentará. En otros tiempos, cuando yo era un pobre escriba que grababa en la arcilla por unas cuantas monedas al día, observé que otros trabajadores escribían más que yo y cobraban más. Entonces, decidí que nadie iba a superarme. No tardé mucho tiempo en descubrir el motivo de su gran éxito. Puse más interés en mi trabajo, me concentré más, fui más perseverante y muy pronto pocos podían grabar más tablillas que yo en un día. Un tiempo después, tuve mi recompensa; no fue preciso ir a ver a mi patrón seis veces para pedirle un aumento.

Cuantos más conocimientos adquiramos, más dinero ganaremos. Si ustedes aprenden a hacer cada vez mejor su oficio, serán recompensados con creces. Si son artesanos, intenten aprender los métodos y conocer las herramientas más perfeccionadas. Si trabajan en derecho o medicina, consulten e intercambien opiniones con sus colegas. Si son mercaderes, busquen mercancías de mejor calidad y véndanlas a bajo precio.

Los negocios cambian y prosperan porque sus perspicaces dueños intentan mejorarlos para hacerlos cada vez más más rentables. Así que los insto a que progresen y no se queden sin hacer nada, a menos que quieran ser dejados de lado. Hay muchas obligaciones que llenan sus vidas de experiencias gratificantes. Si se respetan a sí mismos, deben realizar todas las cosas que les dije y las siguientes:

Paguen sus deudas lo más pronto posible y no compren cosas que no puedan pagar.

Cubran las necesidades de sus familias para que los suyos los aprecien.

Hagan un testamento para que, si los dioses los llaman, sus bienes sean repartidos justa y equitativamente.

Sean compasivos con los enfermos o los desafortunados y ayúdenles. Sean previsivos y caritativos con sus seres queridos.

Así que la séptima y última manera de hacer fortuna consiste en que: *cultiven sus facultades intelectuales, estudien y se instruyan, obren respetándose a sí mismos. De este modo adquirirán suficiente confianza en sí mismos para realizar los deseos en que hayan pensado y escogido.*

Estas son las siete maneras de hacer fortuna, extraídas de una larga y próspera experiencia de la vida. Se las recomiendo a los que quieran ser ricos.

Queridos estudiantes, hay más oro en la ciudad de Babilonia del que sueñan poseer. Hay oro en abundancia para todos. Avancen y pongan en práctica estas verdades; prosperen y háganse ricos como les corresponde por derecho. Avancen y enséñenles estas verdades a todos los súbditos honrados de Su Majestad que quieran repartirse las grandes riquezas de nuestra bien amada Babilonia.

5
LA DIOSA DE LA FORTUNA

*"Si un hombre tiene suerte, es imposible
predecir el tamaño de su riqueza.
Pero, si lo lanzan al Éufrates, estoy seguro de
que saldrá con una perla en la mano".*
—Proverbio babilónico

Todos deseamos tener suerte. Ese deseo existía tanto en el corazón de los habitantes de hace cuatro mil años como en los de nuestros días. Todos esperamos la gracia de la caprichosa diosa de la fortuna.

¿Existirá alguna manera de obtener no solo su atención, sino también su generosidad? ¿Habrá algún modo de atraer la suerte?

Eso era precisamente lo que los pobladores de la antigua Babilonia querían saber y decidieron descubrirlo. Ellos eran visionarios y grandes pensadores, lo cual explica que su ciudad se convirtiera en la más rica y poderosa de su tiempo.

En aquella lejana época no existían las escuelas. Sin embargo, sí había un centro de aprendizaje muy práctico entre las construcciones rodeadas de las torres de Babilonia; dicho centro tenía tanta importancia como el palacio, los Jardines Colgantes y los templos de los dioses. En los libros de Historia este lugar aparece muy poco, casi nada, a pesar de que ejerciera una gran influencia en el pensamiento de aquel entonces.

Se le conocía como el Templo del Conocimiento. En él, maestros voluntarios explicaban la sabiduría del pasado; allí se discutían asuntos de interés popular en asamblea abierta. En su interior, todos los hombres eran iguales. El esclavo más insignificante era libre para rebatir sin miedo las opiniones del príncipe del palacio real.

Uno de los que frecuentaban el Templo del Conocimiento era Arkad, varón sabio y opulento del que se decía que era el más rico de Babilonia. Existía una sala especial en la que se reunía casi todas las tardes un gran número de conciudadanos, unos viejos y otros jóvenes, pero la mayoría de edad madura, y discutían sobre temas interesantes. Escuchemos lo que decían para verificar si sabían cómo atraer la suerte.

El sol acababa de ponerse, semejante a una gran bola de fuego brillante a través de la bruma del desierto polvoriento, cuando Arkad se dirigió hacia su estrado habitual. Unos cuarenta hombres esperaban su llegada, tumbados en pequeñas alfombras colocadas sobre el suelo. Otros llegaban en ese mismo momento.

—¿De qué vamos a hablar esta tarde? –Preguntó Arkad.

Tras una breve indecisión, un hombre alto, un tejedor, se levantó, como era costumbre, y le dirigió la palabra:

—Me gustaría escuchar algunas opiniones sobre un asunto; sin embargo, no sé si formularlo porque temo que les parezca ridículo, mis queridos amigos.

Apremiado por Arkad y los demás, continuó:

—Hoy tuve suerte. Encontré una bolsa que contenía unas monedas de oro. Me gustaría mucho seguir teniendo suerte; y como creo que todos ustedes comparten conmigo este mismo deseo, sugiero que hablemos ahora sobre cómo atraerla para que, de ese modo, descubramos formas de seducirla.

—Un tema realmente interesante –comentó Arkad–. Un tema muy válido. Para algunos, la suerte solo llega por casualidad, como un accidente; cae sobre nosotros por azar. Otros creen que la creadora de la buena suerte es la benévola diosa Ashtar, siempre deseosa de recompensar a sus elegidos por medio de generosos presentes. ¿Qué dicen ustedes, amigos? ¿Debemos intentar descubrir los medios de atraer a la suerte para que seamos nosotros los afortunados?

—¡Sí, sí! ¡Y todas las veces que sea necesario! –Decían los oyentes impacientes, que cada vez eran más numerosos.

—Para empezar –prosiguió Arkad–, escuchemos a todos los que se encuentren aquí que hayan tenido experiencias parecidas a la del tejedor; que hayan encontrado o recibido, sin esfuerzo de su parte, valiosos tesoros o joyas.

Durante un momento de silencio, se miraban unos con otros, esperando que alguien respondiera, pero nadie lo hizo.

—¿Qué? ¿Nadie? –Exclamó Arkad–. Entonces debe de ser realmente raro tener suerte. ¿Quién quiere hacer alguna sugerencia sobre cómo continuar con nuestra investigación?

—¡Yo! –Contestó un hombre joven y bien vestido al tiempo que se ponía de pie–. Cuando alguien habla de suerte, ¿no es normal que piense en las salas de juego? ¿No es precisamente en esos lugares donde encontramos a quienes pretenden los favores de la diosa y esperan que los bendiga para recibir grandes sumas de dinero?

—¡No pares! –Gritó alguien al ver que el joven volvía a sentarse–. Sigue con tu disertación. Dinos si la diosa te ha ayudado en las salas de juego. ¿Ha hecho que en tus dados aparezca el rojo para que llenes tu bolsa? ¿O ha permitido que salga la cara azul para que el crupier recoja tus monedas que tanto te ha costado ganar?

—No me importa admitir que ella no pareció darse cuenta de que yo estaba allí. –Contestó el joven sumándose a las risas de los demás–. ¿Y tú? ¿La encontraste esperando para hacer que los dados rodasen a tu favor? Estamos deseosos de escuchar y de aprender.

—Un buen principio –interrumpió Arkad–. Estamos aquí para examinar todos los aspectos de cada cuestión. Ignorar las salas de juego sería como olvidar un instinto común en casi todos los hombres: la tentación de arriesgar una pequeña cantidad de dinero esperando conseguir mucho.

—¡Eso me recuerda las carreras de caballos de ayer! –Gritó uno de los asistentes–. Si la diosa frecuenta las salas de juego, es casi seguro que no dejará de lado las carreras, con esos carros dorados y esos caballos espumadores. Es un gran espectáculo. Dinos sinceramente, Arkad, ¿ayer la diosa no te murmuró que apostaras a los caballos grises de Nínive? Yo estaba justo detrás de ti y no daba crédito a mis oídos cuando te escuché apostarles a los grises. Sabes tan bien como nosotros que no existe ningún caballo en toda Asiria capaz de llegar a la meta antes que nuestras queridas yeguas en una carrera honesta. ¿Acaso la diosa te dijo al oído que les apostaras a los grises porque en la última curva el caballo negro del interior tropezaría y, de ese modo, molestaría a nuestras yeguas y provocaría que los grises ganaran la carrera y consiguieran una victoria que no merecían?

Arkad sonrió con indulgencia.

—¿Por qué pensamos que la diosa de la fortuna se interesaría por la apuesta de cualquiera en una carrera de caballos? Yo la veo como una diosa de amor y de dignidad a la que le gusta ayudar a los necesitados y recompensar a quienes lo merezcan. Yo no la busco en las salas de juego, ni en las carreras donde se pierde más oro del que se gana, sino en otros lugares donde las acciones de los hombres son más valerosas y merecen recibir una recompensa.

Al cultivador, al honrado comerciante, a todos los que practican cualquier ocupación se les presentan ocasiones para sacar provecho de sus esfuerzos y de las transacciones que realizan. Quizá no siempre reciban una recompensa porque su juicio no sea el más adecuado o porque el tiempo y el viento a veces hacen fracasar los esfuerzos. Pero, si son persistentes, deben conservar la esperanza de que conseguirán beneficios pues tendrán mayores posibilidades de que eso que anhelan vaya hacia ellos.

Pero si arriesgan en el juego —continuó Arkad— ocurre exactamente al revés, porque las posibilidades de ganar siempre favorecen al propietario del lugar. El juego está hecho para que el dueño del negocio consiga beneficios. Ese es su trabajo y él vive de los grandes beneficios que le brindan las monedas que apuestan los jugadores. Pocos son conscientes de que sus posibilidades son inciertas, mientras que los beneficios del dueño sí están garantizados.

Examinemos, por ejemplo, las apuestas a los dados. Cuando se lanzan, siempre apostamos sobre la cara que quedará a la vista. Si es la roja, el jefe de mesa nos paga cuatro veces lo que hemos apostado; pero, si aparece una de las otras cinco caras, perdemos nuestra apuesta. Por lo tanto, los cálculos demuestran que, por cada dado lanzado, tenemos cinco posibilidades de perder; pero, como el rojo paga cuatro por uno, tenemos cuatro posibilidades de ganar. En una noche, el jefe de mesa espera guardar una moneda de cada cinco apostadas. ¿Anhelas ganar de otra forma que no sea ocasional cuando las posibilidades están organizadas para que el jugador pierda la quinta parte de lo que juega?

—Pero a veces hay apostadores que ganan grandes sumas, —añadió en forma espontánea uno de los asistentes.

—Es cierto, eso ocurre —continuó Arkad—. Me doy cuenta de ello y me pregunto si el dinero que se ganan de este modo les aporta beneficios permanentes a quienes la fortuna les sonríe de esta manera. Conozco a muchos habitantes de Babilonia que han triunfado en los negocios, pero no hay ni uno solo que haya triunfado recurriendo a esa fuente.

Ustedes que están reunidos aquí esta tarde conocen a muchos ciudadanos ricos. Sería interesante saber cuántos han conseguido su fortuna en las salas de juego. ¿Qué les parece si cada uno dice lo que sabe?

Se hizo un largo silencio.

—¿Incluyendo a los dueños de las casas de juego? –Aventuró uno de los presentes.

—¡Si no se les ocurre nadie más! –Respondió Arkad–. Si no se les ocurre ningún nombre, ¿por qué no hablan de ustedes mismos? ¿Hay alguien aquí que gane regularmente en las apuestas y dude en aconsejar esta fuente de beneficios?

Entre las risas, se oyó que unos refunfuñaban en la parte de atrás.

—Parece que nosotros no buscamos la suerte en estos lugares cuando la diosa los frecuenta –continuó–. Entonces exploremos otros lugares. Tampoco hemos encontrado sacos de monedas perdidos, ni hemos visto a la diosa en las salas de juego. En cuanto a las carreras, debo confesarles que he perdido mucho más dinero del que he ganado.

Ahora, analicemos en detalle nuestras profesiones y nuestros negocios. ¿Acaso no es normal que cuando hacemos un buen negocio, no lo consideramos como algo fortuito, sino como la justa recompensa a nuestros esfuerzos? A veces pienso que ignoramos los presentes de la diosa. Quizá nos ayuda cuando no apreciamos su generosidad. ¿Quién quiere hablar del tema?

Dicho esto, un comerciante entrado en años se levantó alisando sus blancas vestimentas y manifestó:

—Con tu permiso, honorable Arkad, y el de los presentes, quiero hacerles una sugerencia. Si, como han dicho, nosotros les atribuimos nuestros éxitos profesionales a nuestras habilidades, a nuestra propia aplicación, ¿por qué no considerar los éxitos que casi hemos tenido, pero que se nos han escapado, como eventos que habrían sido muy provechosos? Habrían sido raros ejemplos de fortuna si se hubieran realizado. No podemos considerarlos como recompensas justas porque no se han cumplido. Probablemente, aquí hay quienes podrían contar este tipo de experiencias.

—Esta es una reflexión sabia –comentó Arkad–. ¿Quién de entre nosotros ha tenido la fortuna al alcance de la mano y la ha visto esfumarse de inmediato? Se alzaron varias manos; entre ellas, la del comerciante. Arkad le hizo un ademán para que hablara, diciéndole:

—Ya que has sido tú el que has sugerido esta discusión, nos gustaría escucharte a ti en primer lugar.

—Con gusto les contaré un hecho que viví y que servirá de ilustración para demostrar hasta qué punto la suerte se nos acerca a cualquiera de nosotros y cómo dejamos que se nos escape de las manos a pesar nuestro.

Hace varios años, cuando era joven, recién casado y empezaba a ganarme bien la vida, mi padre vino a verme y me indicó que tenía que hacer una inversión urgentemente. El hijo de uno de sus buenos amigos había descubierto una zona de tierra árida no lejos de las murallas de nuestra ciudad. Estaba situada sobre un canal donde el agua no llegaba.

El joven ideó un plan para comprar esa tierra y construir en ella tres grandes ruedas que, accionadas por unos bueyes, conseguirían traer agua y darle vida a aquel suelo infértil. Una vez realizado esto, dividiría la tierra y se la vendería por partes a los ciudadanos para hacer jardines.

Sin embargo, a pesar de sus grandes ideas, este ingenioso joven no poseía suficiente oro para llevar a cabo tal empresa. Era un hombre que ganaba un buen sueldo, como yo. Su padre, como el mío, era un trabajador que estaba levantando una familia numerosa y tenía pocos medios económicos. Por eso, él decidió que lograría que un grupo de hombres se interesará por su empresa. El grupo debía estar formado por doce negociantes con buenas ganancias que decidieran invertir la décima parte de sus beneficios en esta idea hasta que la tierra estuviera lista para su venta. Entonces, todos compartirían de forma equitativa los beneficios según la inversión que hubieran realizado.

—Hijo mío –me dijo mi padre–, ahora eres un hombre joven. Deseo profundamente que empieces a hacer adquisiciones que te permitan un cierto bienestar y el respeto de los demás. Me gustaría que tú sacaras provecho de mis errores pasados.

—Eso me gustaría mucho, padre –le contesté.

—Entonces, te aconsejo lo siguiente: haz lo que yo debí hacer a tu edad. Guarda la décima parte de tus beneficios para hacer inversiones. Con esa décima parte, y con lo que te proporcionará, lograrás acumular una gran suma antes que tengas mi edad.

—Padre, hablas con sabiduría. Deseo fervientemente poseer riquezas, pero gasto mis ganancias en muchas cosas y no sé si hacer lo que me aconsejas. Soy joven. Me queda mucho tiempo.

—Yo pensaba del mismo modo a tu edad, pero ya han pasado los años y todavía no he empezado a acumular bienes.

—Vivimos en una época diferente, padre. No cometeré los mismos errores que tú.

—Se te presenta una oportunidad única, hijo mío. Te harás rico. Te lo suplico, no tardes. Ve a ver mañana al hijo de mi amigo y cierra con él el trato de invertir en ese negocio el diez por ciento de lo que ganas.

Ve sin dilación antes de que pierdas esta oportunidad que hoy tienes a tu alcance y que pronto desaparecerá. No esperes.

—A pesar de la opinión de mi padre, dudé. Los mercaderes del Este acababan de traer ropa de tal riqueza y belleza que mi mujer y yo ya habíamos decidido que compraríamos al menos una pieza para cada uno. Si hubiera aceptado invertir la décima parte de mis ganancias en esa empresa, habríamos tenido que privarnos de esas vestimentas y de otros placeres de los que deseábamos disfrutar. Esa fue una mala idea, pues aquella empresa resultó más fructífera de lo previsto. Esta es mi historia y muestra cómo, con mis propias decisiones, yo mismo permití que la fortuna se me escapara.

—Una experiencia que nos sirve para que veamos que la suerte espera y les llega a quienes aprovechan la oportunidad –comentó un hombre que venía del desierto–. Siempre tiene que haber un primer momento en el que se adquieren bienes. Pueden ser unas monedas de oro o de plata que uno consiga de sus ganancias por su primera inversión. Yo mismo poseo varios rebaños. Empecé a adquirir animales cuando era un niño, cambiando un ternero por una moneda de plata. Este trueque, que simbolizó el principio de mi riqueza, adquirió gran importancia para mí. Toda la suerte que uno necesita debe desembocar en una primera adquisición de bienes. Este primer paso es el más importante para toda persona porque hace que, quienes ganan su dinero a partir de su propia labor, pasen a ser individuos que consiguen dividendos de su oro. Por suerte, algunos aprovechan la ocasión cuando son jóvenes y, de ese modo, tienen más éxito financiero que los que aprovechan la oportunidad más tarde o que los desafortunados, como el padre de este comerciante, que no la aprovechó nunca.

Si nuestro amigo comerciante hubiera dado este primer paso de joven, cuando se le presentó la ocasión, ahora poseería grandes riquezas y, probablemente, ese habría sido el primer paso de una suerte mayor.

—A mí también me gustaría hablar –dijo un extranjero levantándose–. Soy sirio. No hablo muy bien su idioma. Me gustaría calificar de algún modo a este amigo, el comerciante. Quizá piensen que no soy educado, ya que deseo llamarlo de ese modo. Pero, desgraciadamente, no conozco cómo se dice en su idioma y si lo digo en sirio, no me entenderían. Entonces, díganme, por favor, ¿cómo le llaman ustedes a un hombre que tarda en cumplir las cosas que le convienen?

—¡Procrastinador! —Gritó uno de los asistentes.

—Eso es –afirmó el sirio, mientras agitaba las manos visiblemente emocionado–. Me refiero a la gente que no sabe aprovechar una buena oportunidad cuando se le presenta, sino que decide esperar porque dice que está muy ocupada. Hasta la próxima, ya te volveré a ver… La oportunidad no espera a nadie tan lento, ya que, si alguien desea aprovecharla, reaccionará con rapidez. Aquellos que no reaccionan con celeridad cuando se les presenta una oportunidad son grandes procrastinadores, como nuestro amigo comerciante.

El comerciante se levantó y saludó con naturalidad en respuesta a las risas del público.

—Te admiro, extranjero. Entras en nuestro centro y no dudas en decir la verdad.

—Escuchemos otra historia. ¿Quién tiene otra experiencia que contar? –Preguntó Arkad.

—Yo tengo una, –contestó un hombre de mediana edad, vestido con una túnica roja–. Soy comprador de animales, sobre todo de camellos y caballos. Algunas veces, compro también ovejas y cabras. La historia que voy a contarles muestra cómo la fortuna vino en el momento en que menos la esperaba. Quizá sea por eso que la dejé escapar. Saquen sus propias conclusiones cuando termine de contarles:

Una tarde, al volver a la ciudad tras un viaje agotador de diez días en busca de camellos, me molesté mucho al encontrar las puertas de la ciudad cerradas. Mientras mis esclavos montaban nuestra tienda para pasar la noche que preveíamos escasa en comida y agua, se nos acercó un viejo granjero que, como nosotros, se encontraba retenido a las afueras.

—Honorable señor, –dijo al dirigirse a mí–, usted parece un comprador de ganado. Si es así, me gustaría venderle el excelente rebaño de ovejas que traemos. Por desgracia, mi mujer está muy enferma, tiene fiebre y yo debo volver rápido a mi hogar. Si me compra las ovejas, mis esclavos y yo emprenderíamos el viaje de vuelta sobre los camellos sin perder más tiempo.

—Estaba tan oscuro que yo no podía ver su rebaño; pero, por los balidos, supe que era grande. Me sentí contento ante la posibilidad de hacer ese negocio, ya que había perdido diez días buscando camellos para la venta y no encontré. El granjero me pidió un precio muy razonable porque estaba ansioso. Yo acepté, pues sabía que, por la mañana, mis esclavos franquearían las puertas de la ciudad con el rebaño, lo venderían y yo conseguiría buenos beneficios.

Una vez cerrado el trato, llamé a mis esclavos y les ordené que trajeran antorchas para ver el rebaño que, según el granjero, estaba compuesto de novecientas ovejas. No quiero aburriros describiendo las dificultades que tuvimos para intentar contar a unas ovejas tan sedientas, cansadas y agitadas. La tarea pareció imposible. Entonces, le informé al granjero que las contaría a la luz del día y le pagaría en ese momento.

—Por favor, honorable señor, me rogó el granjero. Págueme aunque sea las dos terceras partes del precio esta noche para ponerme en marcha. Dejaré a mi esclavo más inteligente e instruido para que le ayude a contar las ovejas por la mañana. Es de fiar y usted podrá pagarle el saldo.

—Pero yo era testarudo y rechacé efectuar el pago esa noche. A la mañana siguiente, antes de que me despertara, las puertas de la ciudad se abrieron y cuatro compradores de rebaños se lanzaron a la búsqueda de ovejas. Estaban impacientes y aceptaron de buen grado pagar el elevado precio porque la ciudad estaba sitiada y escaseaba la comida. El viejo granjero recibió casi el triple del precio que me había dado por su ganado. Fue una rara oportunidad que dejé escapar.

—¡Una historia extraordinaria! –Comentó Arkad–. ¿Qué nos enseña?

—Que hay que pagar de inmediato cuando estamos convencidos de que el negocio es bueno –sugirió un venerable fabricante de sillas de montar–. Si es bueno, ¡tenemos que protegernos tanto de nuestra propia debilidad como de terceros! Nosotros, mortales, somos cambiantes. Y, por desgracia, solemos cambiar de idea con mayor facilidad cuando tenemos razón que cuando nos equivocamos, que es sin duda cuando más testarudos nos mostramos. Cuando tenemos razón, tendemos a vacilar y a dejar que la ocasión se escape. Mi primera idea siempre es la mejor. Sin embargo, siempre me cuesta forzarme a hacer de prisa y corriendo un negocio, una vez que lo he decidido. Entonces, para protegerme de mi propia debilidad, doy un depósito al instante. Esto me impide que más tarde me arrepienta de haber dejado escapar buenas ocasiones.

—Gracias. Me gustaría volver a hablar –el sirio estaba otra vez de pie–. Estas historias se parecen. ¡Todas las veces, la suerte se va por la misma razón! Siempre le trae al procrastinador un plan bueno y él duda y nunca reflexiona, ni dice: "Esta es una buena oportunidad y debo reaccionar con rapidez". ¿Cómo tendrá éxito de este modo?

—Tus palabras son sabias, amigo –respondió el comprador de ganado–. La suerte siempre se alejará del procrastinador. Pero eso no es nada extraordinario porque los seres humanos tenemos la manía de dejar las cosas para más tarde. Deseamos riquezas, pero ¿cuántas veces, cuando se nos presenta la oportunidad, esa manía de procrastinar nos incita a retrasar nuestra decisión?

Al ceder a esa manía, nosotros mismos nos convertimos en nuestro peor enemigo. Cuando era más joven, no conocía esa palabra que tanto le gusta a nuestro amigo de Siria. Al principio, pensaba que perdía negocios ventajosos por mi falta de juicio. Más tarde, creí que era una cuestión de testarudez; hasta que, finalmente, reconocí de lo que se trataba: de mi costumbre de retrasar sin necesidad una decisión que requería de rapidez, de una acción pronta y decidida. Y la detesté cuando descubrí su verdadero carácter. Con la misma fuerza de un asno salvaje atado a un carruaje corté las ataduras de aquella costumbre y decidí trabajar para tener éxito.

—Gracias. Me gustaría hacerle una pregunta al comerciante, – propuso el sirio—. Sus vestimentas no son las de un pobre. Usted habla como un negociante que tiene éxito. Díganos, ¿sucumbe usted ante la manía de procrastinar?

—Al igual que nuestro amigo ganadero, yo también he reconocido y conquistado la costumbre de procrastinar –respondió el comerciante–. Para mí, ese resultó ser un enemigo temible, al acecho, que esperaba el momento propicio para contrariar mis actuaciones.

La historia que les narré es tan solo uno de los abundantes ejemplos que podría dar para mostrarles cómo he desaprovechado buenas ocasiones. Sin embargo, casi siempre podemos controlar fácilmente al enemigo una vez lo reconocemos. Ningún hombre permitiría de forma voluntaria que un ladrón le robara sus reservas de grano, así como tampoco permitiría de buen agrado que un enemigo le robara su clientela. Un día, cuando comprendí que la procrastinación era mi peor enemigo, la vencí con determinación. Debemos dominar nuestra tendencia a procrastinar antes de si quiera pensar en compartir los ricos tesoros de Babilonia.

—¿Qué opina usted, Arkad? Usted es el hombre más rico de Babilonia y muchos sostienen que también es el más afortunado. ¿Está de acuerdo conmigo en que nadie conseguirá conseguir un éxito completo mientras no haya liquidado por completo su manía de procrastinar?

—Eso es cierto –admitió Arkad–. Durante mi larga vida, he conocido a hombres que recorrieron las largas avenidas de la ciencia y de los conocimientos que llevan al éxito en la vida. A todos se les presentaron buenas oportunidades. Algunos las aprovecharon de inmediato y de este modo, pudieron satisfacer sus más profundos deseos; pero muchos dudaron y se echaron atrás.

Luego, Arkad miró hacia el tejedor:

—Ya que has sido tú el que nos has sugerido un debate sobre la suerte, dinos lo que opinas a ese respecto.

—Veo la suerte bajo un nuevo prisma. Yo creía que esta era algo deseable que le llegaría a cualquier hombre sin que él realizara esfuerzo alguno. Ahora, soy consciente de que no se trata de un acontecimiento que uno mismo pueda provocar. He aprendido, gracias a nuestra discusión, que, para atraer la suerte, es preciso aprovechar de inmediato las oportunidades que se nos presentan. Por eso, de aquí en adelante me esforzaré en sacarles el máximo partido posible cada vez que surjan a lo largo de mi camino.

—Has entendido muy bien las verdades a las que hemos llegado con nuestra discusión –agregó Arkad–. La suerte toma a menudo la forma de oportunidad y pocas veces viene a nosotros de otro modo. Nuestro amigo comerciante habría tenido mucha suerte si hubiera aceptado la oportunidad que la diosa le brindaba. Nuestro amigo comprador de ganado también habría podido aprovechar su suerte si hubiera concretado la compra del rebaño; lo habría vendido consiguiendo un gran beneficio.

Hemos seguido con esta discusión para descubrir los medios necesarios para que la suerte nos sonría. Creo que vamos bien encaminados. En las dos historias hemos visto cómo la suerte toma forma de oportunidad. De todo esto, se desprende la verdad, –verdad que, por muchas historias parecidas que contáramos, no cambiaría: la suerte nos sonreirá si aprovechamos las oportunidades que nos presenta.

Quienes están impacientes por aprovechar las oportunidades que se les presentan para sacarles el máximo provecho posible atraen la atención de la buena diosa. Ella siempre se apresurará en ayudarles a los que sean de su agrado. Sobre todo, le gusta la gente de acción.

LA ACCIÓN TE CONDUCIRÁ HACIA EL ÉXITO QUE DESEAS A LA GENTE DE ACCIÓN LE SONRÍE LA DIOSA DE LA FORTUNA.

6
LAS CINCO LEYES DEL ORO

—Si pudieran escoger entre un saco lleno de oro y una tablilla de arcilla donde estuvieran grabadas palabras llenas de sabiduría, ¿qué escogerían?

Al lado de las vacilantes llamas de una hoguera alimentada con arbustos del desierto, los morenos rostros de los oyentes brillaban, animados por el interés de la disertación.

—¡El oro, el oro! —Respondieron a coro los veintisiete presentes.

El viejo Kalabab, que había previsto esta respuesta, sonrió.

—¡Escuchen! –Continuó, señalando con su mano hacia lo lejos–. Escuchen a los perros salvajes, en medio de la noche. Aúllan y gimen porque el hambre les corroe las entrañas. Pero denles comida y observen lo que hacen. Se pelean y se pavonean. Y después, siguen peleándose y pavoneándose, sin preocuparse por el mañana.

Exactamente igual que los hijos de los hombres. Denles a escoger entre el oro y la sabiduría: y ¿qué hacen? Ignoran la sabiduría y malgastan el oro. Y al día siguiente, gimen porque ya no lo tienen.

Por esto, el oro está reservado para aquellos que conocen sus leyes y las obedecen.

Kalabab cubrió sus delgadas piernas con la túnica blanca, pues la noche era fría y el viento soplaba con fuerza.

—Porque me han servido fielmente durante nuestro largo viaje, porque han cuidado bien de mis camellos, porque han trabajado duro sin quejarse a través de las arenas del desierto y porque se han enfrentado con valentía a los ladrones que han intentado despojarme de mis bienes, esta noche voy a contarles la historia de las cinco leyes del oro, una historia como la que jamás han escuchado antes.

¡Escuchen, escuchen! Préstenles mucha atención a mis palabras para comprender su significado y tenerlas en cuenta en el futuro si desean poseer mucho oro.

El viejo hizo una pausa. Las estrellas brillaban en la bóveda celeste. Detrás del grupo se distinguían las descoloridas tiendas que habían sujetado fuertemente, previniendo posibles tormentas de arena. Al lado de las tiendas, los fardos de mercancías recubiertos de pieles estaban muy bien apilados. Cerca de allí, algunos camellos tumbados en la arena rumiaban satisfechos mientras que otros roncaban.

—Ya nos has contado varias historias interesantes, Kalabab –dijo en voz alta el jefe de la caravana–. En ti vemos la sabiduría que nos guiará cuando tengamos que dejar de servirte.

—Les he contado mis aventuras en tierras lejanas y extranjeras, pero esta noche voy a hablarles de la sabiduría de Arkad, hombre sabio y muy rico.

—Hemos oído hablar mucho de él –reconoció el jefe de la caravana–, pues era el comerciante más rico que jamás haya vivido en Babilonia.

—Sí, era el más acaudalado porque usaba el oro con sabiduría, más de lo que cualquier otra persona lo hizo antes. Esta noche voy a hablarles de su gran sabiduría tal como Nomasir, su hijo, me habló de ella hace muchos años en Nínive, cuando yo era tan solo un joven.

Mi maestro y yo nos habíamos quedado hasta bien entrada la noche en el palacio de Nomasir. Le ayudé a llevar los grandes rollos de suntuosas alfombras que debíamos mostrarle para que él hiciera su elección. Al finalizarla, quedó muy satisfecho y nos invitó a sentarnos con él a beber un vino exótico y perfumado que recalentaba el estómago –bebida a la que yo no estaba acostumbrado. Entonces, nos contó la historia de la gran sabiduría de Arkad, su padre, la misma que voy a contarles.

Como ustedes saben, según la costumbre de Babilonia, los hijos de los ricos viven con sus padres a la espera de recibir su herencia. Arkad no aprobaba esta costumbre. Así pues, cuando Nomasir tuvo derecho a su herencia, le dijo al joven:

—"Hijo mío, deseo que heredes mis bienes. Sin embargo, debes demostrar que eres capaz de administrarlos con sabiduría. Por tanto, quiero que recorras el mundo para que demuestres tu capacidad de conseguir oro y de hacerte respetar. Para que empieces con buen pie, te daré dos cosas que yo no tenía cuando decidí construir mi fortuna, siendo un joven pobre.

En primer lugar, te doy este saco de oro. Si lo utilizas con sabiduría, construirás las bases de tu futuro éxito.

En segundo lugar, te doy esta tablilla de arcilla donde están grabadas las cinco leyes del oro, pero solo serán eficaces si las pones en práctica en tus propios actos. Dentro de diez años, volverás a mi casa y darás cuenta de lo que lograste. Si has demostrado tu valor, entonces heredarás mis bienes. De no ser así, los daré a los sacerdotes para que recen por mi alma y pueda ganarme la buena consideración de los dioses".

—Así pues, Nomasir partió para vivir sus propias experiencias, llevándose consigo el saco de oro, la tablilla cuidadosamente envuelta en seda, su esclavo y los caballos sobre los que montaron.

Los diez años pasaron rápido y, como habían convenido, Nomasir volvió a casa de su padre, quien organizó un gran festín en su honor al cual estaban invitados varios amigos y parientes. Terminada la cena, el padre y la madre se instalaron en sus asientos ubicados en el gran salón, semejantes a dos tronos, y Nomasir se situó frente a ellos para dar cuenta de sus actos tal como le había prometido a su padre.

Era de noche. En el salón flotaba el humo de las lámparas de aceite que alumbraban débilmente la estancia. Los esclavos, vestidos con chaquetones blancos y túnicas, batían el húmedo aire con largas hojas de palma. Era una escena solemne. Impacientes por escucharle, la mujer de Nomasir y sus dos jóvenes hijos, amigos y otros miembros de la familia se sentaron sobre las alfombras detrás de él.

—"Padre, –empezó con deferencia–, me inclino ante tu sabiduría. Hace diez años, cuando me encontraba en el umbral de la edad adulta, me ordenaste que partiera y me convirtiera en hombre de respeto y valor, en lugar de seguir siendo el simple candidato a tu fortuna.

Me diste mucho oro y mucha de tu sabiduría. Por desgracia, debo admitir, muy a pesar mío, que administré muy mal el oro que me confiaste. Ciertamente, se escurrió entre mis dedos a causa de mi inexperiencia, como una liebre salvaje que se salva a la primera oportunidad que le ofrece el joven cazador que la ha capturado".

—El padre sonrió con indulgencia y lo animó a proseguir:

—"Continúa, hijo mío, tu historia me interesa hasta el más mínimo detalle".

—"Decidí ir a Nínive porque era una ciudad próspera; fui con la esperanza de encontrar allí buenas oportunidades. Me uní a una caravana e hice numerosos amigos. Dos hombres, conocidos por poseer el caballo blanco más hermoso de la región y tan rápido como el viento, formaban parte de ella.

Durante el viaje, ellos me confiaron que en Nínive había un herrero que poseía un caballo tan rápido que jamás había sido superado en ninguna carrera. Su propietario estaba convencido de que ningún otro correría más de prisa. Al oír esto, de inmediato me dispuse a apostar cualquier cantidad, por muy elevada que fuera, a que el caballo de mis compañeros de viaje superaría a cualquier otro caballo en toda Babilonia. Comparados con el de ellos, dijeron mis amigos, los demás caballos no eran más que pobres asnos, fáciles de vencer.

Así las cosas, mis amigos me ofrecieron, como gran favor, la oportunidad de unirme a ellos en la apuesta. Yo estaba entusiasmado con aquella oportunidad tan emocionante de ganar dinero, pero nuestro caballo perdió y, junto con él, yo también perdí gran parte de mi oro".

—El padre rio.

—"Más tarde descubrí que era un plan fraudulento organizado por ellos y que acostumbraban viajar en las caravanas en busca de nuevas víctimas. Como supondrán, el hombre de Nínive era su cómplice y compartían entre todos las apuestas que ganaban. Esta trampa fue mi primera lección de desconfianza.

Pronto recibiría otra, tan amarga como la primera. En la caravana, había un joven con el cual hice una gran amistad. Era hijo de padres ricos como yo y se dirigía a Nínive en busca de una buena oportunidad. Poco tiempo después de nuestra llegada, me dijo que un rico mercader había muerto y que su tienda, su valiosa mercancía y su clientela estaban a nuestro alcance por un precio muy razonable. Entonces, me propuso que fuéramos socios a partes iguales, pero que antes él tenía que volver a Babilonia para depositar su dinero en un lugar seguro; así me convenció para que comprara la mercancía con mi oro.

Luego, retrasó su viaje a Babilonia y resultó ser un comprador poco prudente y malgastador. Finalmente me deshice de él, pero el negocio había empeorado hasta tal punto que ya no quedaba casi nada, aparte de mercancías invendibles, y yo no tenía más oro para comprar otras. Malvendí lo que quedaba a un israelita por una suma irrisoria.

Los días que siguieron fueron amargos, padre. Busqué trabajo pero no encontré ninguno, pues no tenía un oficio, ni una profesión que me hubieran permitido ganar dinero. Vendí mis caballos. Vendí a mi esclavo. Vendí mis ropas de recambio para comprar algo que llevarme a la boca y tener un lugar donde dormir, pero el hambre se hacía sentir cada vez más.

Durante aquellos días de miseria, recordé tu confianza en mí, padre. Me habías enviado a la aventura para que me convirtiera en un hombre de bien y yo estaba decidido a conseguirlo".

—La madre ocultó su rostro y lloró tiernamente.

—"En aquel momento, me acordé de la tablilla que me habías dado en la cual grabaste las cinco leyes del oro. Entonces, leí con mucha atención tus palabras de sabiduría y comprendí que, si primero hubiera buscado la sabiduría, no hubiera perdido todo mi oro.

Memoricé todas las leyes y decidí que, cuando la diosa de la fortuna me volviera a sonreír, me dejaría guiar por la sabiduría de la edad y no por los ímpetus de mi juventud, ni por mi inexperiencia. En beneficio de los que están aquí sentados, voy a leer las palabras de sabiduría que mi padre hizo grabar en la tablilla de arcilla que me dio hace diez años:

Las cinco leyes del oro

I. El oro acude fácilmente, y en cantidades siempre más importantes, al que reserva no menos de una décima parte de sus ganancias para crear un bien en previsión de su futuro y del de su familia.

II. El oro trabaja con diligencia y de forma rentable para el poseedor sabio que le encuentra un uso provechoso, multiplicándose incluso como los rebaños en los campos.

III. El oro permanece bajo la protección del poseedor prudente que lo invierte según los consejos de los sabios.

IV. El oro escapa de quien invierte sin fin alguno en empresas que no le son familiares o que no son aprobadas por aquellos que conocen la forma más provechosa de utilizarlo.

V. El oro huye de aquel que lo invierte en ganancias imposibles, que sigue el seductor consejo de defraudadores y estafadores o se basa en su propia inexperiencia y en sus románticas intenciones de inversión.

—Una vez leyó la tablilla, prosiguió:

—"Estas son las cinco leyes del oro tal como mi padre las escribió. Afirmo que son mucho más valiosas que el oro mismo, como demuestra la continuación de mi historia.

Les he hablado de la enorme pobreza y de la desesperación a las que me había conducido mi inexperiencia, –de nuevo miró a su padre.

Sin embargo, no hay mal que cien años dure. El fin de mis desventuras llegó cuando encontré un empleo, el de capataz de un grupo de esclavos que trabajaban en la construcción de la nueva muralla que rodearía la ciudad.

Como conocía la primera ley del oro, supe aprovechar esta oportunidad; reservé una pieza de cobre de mis primeras ganancias, sumando otra siempre que me era posible hasta conseguir una moneda de plata. Era un ahorro lento, puesto que tenía que satisfacer mis necesidades.

Admito que gastaba con reparo porque estaba decidido a ganar tanto oro como me habías dado, padre, y antes de que hubieran transcurrido los diez años. Un día, el jefe de los esclavos, del cual me había hecho muy amigo, me dijo:

—"Eres un joven ahorrador que no gasta a diestra y siniestra todo lo que gana. ¿Tienes oro guardado que no te produzca ninguna ganancia?"

—"Sí", le contesté. "Mi mayor deseo consiste en acumular oro para recuperar el que mi padre me dio y que perdí".

—"Es una ambición muy noble. ¿Sabías que el oro que has ahorrado podría trabajar para ti y hacerte ganar todavía más oro?"

—"¡Ay! Mi experiencia ha sido muy dura porque malgasté todo el oro de mi padre y tengo miedo de que suceda lo mismo con el mío".

—"Si confías en mí, te daré un provechoso consejo respecto a la forma mejor forma de invertirlo. Dentro de un año, la muralla que rodeará la ciudad estará terminada y dispuesta a construir las grandes puertas centrales de bronce destinadas a proteger la ciudad contra los enemigos del rey.

En todo Nínive no hay el metal suficiente para fabricarlas y el rey no ha pensado en conseguirlo. Este es mi plan: varios de nosotros vamos a reunir nuestro oro para enviar una caravana a las lejanas minas de cobre y estaño para traer a Nínive el metal necesario para fabricar las puertas. Cuando el rey ordene que se construyan, nosotros seremos los únicos que podremos proporcionarle el metal y él nos lo pagará a un buen precio. Si el rey no nos compra, siempre podremos revender el metal a un precio razonable".

—"En esta oferta reconocí una buena oportunidad y, fiel a la tercera ley, invertí mis ahorros siguiendo el consejo de hombres sabios. Tampoco sufrí decepción alguna… Nuestros fondos comunes fueron un éxito y mi cantidad de oro aumentó considerablemente gracias a esta transacción.

Con el tiempo, me aceptaron como miembro del mismo grupo de inversores para otras empresas. Aquellos negociantes eran sabios a la hora de administrar de forma provechosa el oro. Ellos estudiaban con cuidado todos los planes presentados antes de pasar a ejecutarlos. No se arriesgaban a perder su capital, ni a estancarlo en inversiones no rentables que no les permitieran recuperar su oro. Empresas insensatas como la carrera de caballos y la sociedad de la que formé parte por culpa de mi inexperiencia ni siquiera habrían merecido su consideración. Ellos habrían detectado los peligros de esas inversiones de inmediato.

Gracias a mi sociedad con ellos, aprendí a invertir con seguridad para que mi oro me produjera beneficios. Con el paso de los años, mi tesoro aumentaba cada vez más de prisa. No solo recuperé lo que perdí, sino que traigo conmigo mucho más.

A lo largo de mis desgracias, mis intentos y mis éxitos, he puesto a prueba la sabiduría de las cinco leyes del oro en repetidas ocasiones, padre, y estas se han revelado justas en cada ocasión. Para aquel que no conoce las cinco leyes del oro, este no acude a él y se gasta con rapidez. Pero, para aquel que las sigue, el oro acude a su encuentro ¡y le trabaja como su fiel esclavo!"

—Nomasir dejó de hablar y le hizo una señal a un esclavo que se encontraba al fondo del salón. El esclavo trajo, de uno en uno, tres pesados sacos de cuero. Nomasir tomó uno de los sacos y lo colocó en el suelo frente a su padre dirigiéndose a él una vez más:

—"Me diste un saco de oro de Babilonia. Para remplazártelo, te devuelvo un saco de oro de Nínive del mismo peso. Todo el mundo estará de acuerdo en que es un intercambio justo. También me diste una tablilla de arcilla con sabiduría grabada en ella. A cambio, te doy dos sacos de oro".

—Diciendo esto, tomó los otros dos sacos de manos del esclavo y, como el primero, los colocó delante de su padre.

—"Esto es para manifestarte, padre, que considero mucho más valiosa tu sabiduría que tu oro. Pero ¿quién puede medir en sacos de oro el valor de la sabiduría? Sin ella, quienes posean oro lo perderán rápidamente; pero, gracias a la sabiduría, aquellos que no tienen oro pueden conseguirlo, tal como lo demuestran estos tres sacos.

Es una gran satisfacción para mí, padre, estar frente a ti y decirte que, con tu sabiduría, he podido llegar a ser rico y respetado por las gentes".

—El padre colocó su mano sobre la cabeza de Nomasir con gran afecto:

—"Aprendiste bien la lección y, en verdad, soy muy afortunado de tener un hijo al cual confiar mi riqueza".

—Terminado el relato, Kalabab permaneció callado, observando a sus oyentes con aire crítico. Luego, inquirió:

—¿Qué opinan de la historia de Nomasir? ¿Quién de ustedes puede acudir a su padre o a su suegro y darle cuenta de la buena administración de sus ingresos? ¿Qué pensarían esos venerables hombres si ustedes les dijeran: "He viajado y aprendido mucho, he trabajado mucho y he ganado mucho pero, ¡ay!, tengo poco oro. He gastado parte de él con sabiduría; otra parte, alocadamente y también he perdido otra por imprudencia? ¿Todavía creen que la suerte es la responsable de que algunos hombres posean mucho oro y otros no? En ese caso, se equivocan.

Los hombres tienen grandes fortunas cuando conocen las cinco leyes del oro y las respetan. Gracias al hecho de haberlas aprendido durante mi juventud, y de haberlas seguido, yo me convertí en un mercader rico. No he hecho fortuna por una extraña magia.

La riqueza que se adquiere rápidamente, también desaparece rápidamente. La riqueza que permanece para proporcionarle alegría y satisfacción a su poseedor, aumenta de forma gradual porque es una criatura nacida del conocimiento y de la determinación.

Adquirir bienes constituye una carga sin importancia para el hombre prudente. Transportarla año tras año con inteligencia permite llegar al objetivo final. A aquellos que respetan las cinco leyes del oro se les ofrece abundante recompensa. Cada una de ellas es rica en significado y, si ustedes no han comprendido su sentido durante mi relato, voy a repetírselas de nuevo y ahora. Me las sé de memoria porque, siendo joven, pude constatar su valor y no me habría sentido satisfecho si no las hubiera memorizado:

PRIMERA LEY DEL ORO

El oro acude fácilmente, en cantidades siempre más importantes, al que reserva no menos de una décima parte de sus ganancias para crear un bien en previsión de su futuro y del de su familia.

Aquel que reserva de forma constante por lo menos la décima parte de sus ganancias, y la invierte con sabiduría, está construyendo una fuente valiosa de ingresos para el futuro y una mayor seguridad para su familia, si llegara el caso de que los dioses le volvieran a llamar hacia el mundo de la oscuridad. Esta ley dice que el oro siempre fluye con libertad en la vida de alguien así. Yo puedo confirmarlo basándome en mi propia vida. Cuanto más oro acumulo, más oro acude a mí rápidamente y en cantidades crecientes. El oro que ahorro me proporciona más, igual que lo hará el de ustedes, y estas ganancias proporcionan otras ganancias; así funciona la primera ley.

SEGUNDA LEY DEL ORO

El oro trabaja con diligencia y de forma rentable para el poseedor sabio que le encuentra un uso provechoso, multiplicándose incluso como los rebaños en los campos.

Verdaderamente, el oro es un trabajador voluntarioso. Siempre está impaciente por multiplicarse cuando se presenta la oportunidad. A todos aquellos que tienen un tesoro de oro reservado se les presenta la oportunidad, permitiéndoles aprovecharla. Con los años, el oro se multiplica de maneras sorprendentes.

TERCERA LEY DEL ORO

El oro permanece bajo la protección del poseedor prudente que lo invierte según los consejos de los sabios.

El oro se aferra al poseedor prudente, aunque se trate de un poseedor despreocupado. Quien busca la opinión de los sabios que negocian con oro aprende muy pronto a no arriesgar su tesoro y a preservarlo para verlo aumentar con satisfacción.

CUARTA LEY DEL ORO

El oro escapa de quien invierte sin fin alguno en empresas que no le son familiares o que no son aprobadas por aquellos que conocen la forma más provechosa de utilizarlo.

Para el que tiene oro, pero que no tiene experiencia en los negocios, muchas inversiones parecen provechosas. A menudo, estas implican un riesgo y los sabios que las estudian demuestran con gran rapidez y elocuencia que son muy poco rentables. Así pues, el poseedor de oro inexperto, que se fía de su propio juicio y que invierte en una empresa con la que no está familiarizado, descubre a menudo que su juicio era incorrecto y paga su inexperiencia con parte de su tesoro. Sabio es aquel que invierte sus tesoros según los consejos de los expertos en el arte de administrar.

QUINTA LEY DEL ORO

El oro huye de quien lo invierte en ganancias imposibles, siguiendo el seductor consejo de defraudadores y estafadores o basado en su propia inexperiencia y en sus románticas intenciones de inversión.

El nuevo poseedor de oro siempre se encontrará con proposiciones extravagantes que son tan emocionantes como la aventura. Estas dan la impresión de proporcionarle unos poderes tan mágicos a su tesoro que lo hacen capaz de conseguir ganancias imposibles. Pero desconfíen de ellas; los sabios conocen bien las trampas que se esconden detrás de cada plan que pretende enriquecerlos de forma repentina.

Acuérdense de los hombres ricos de Nínive que no se arriesgaban a perder su capital, ni a estancarlo en inversiones no rentables. Aquí termina mi historia de las cinco leyes del oro. Contándosela, les he revelado los secretos de mi propio éxito. Lo curioso es que no se trata de secretos, sino de grandes verdades que todos debemos aprender primero y seguir después, si es que deseamos escapar de la multitud que, como los perros salvajes, solo se preocupa por su ración de pan diaria.

Mañana entraremos en Babilonia. ¡Observen con atención! ¡Miren la llama eterna que arde en lo alto del Templo de Bel! Ya vemos la ciudad dorada. Mañana, cada uno de ustedes tendrá oro, el oro que se han ganado con sus fieles servicios.

Dentro de diez años, a partir de esta noche, ¿qué contará cada uno de ustedes acerca de este oro que hoy les entrego?

Entre ustedes habrá quienes, como Nomasir, utilizarán una parte de su oro para comenzar a acumular bienes y, por consiguiente, no me cabe la menor duda de que, guiados por la sabiduría de Arkad, dentro de diez años serán ricos y respetados por las gentes, como el hijo de Arkad.

Nuestros actos sabios nos acompañan a lo largo de toda la vida para servirnos y ayudarnos. Del mismo modo, nuestros actos imprudentes también nos persiguen, pero para atormentarnos. Para bien o para mal, jamás los olvidamos. Los primeros tormentos que nos persiguen son los recuerdos de las cosas que tendríamos que haber hecho, de oportunidades que se nos presentaron, pero no aprovechamos.

Los tesoros de Babilonia son tan importantes que ningún hombre es capaz de calcular su valor en piezas de oro. Todos los años adquieren mayor valor. Como los tesoros de todos los países, estos constituyen una recompensa, la rica recompensa que les espera a los hombres resueltos, decididos a conseguir la parte que merecen.

La fuerza de sus propios deseos contiene un poder mágico. Aprendan a guiar este poder según el conocimiento de las cinco leyes del oro y tendrán su parte de los tesoros de Babilonia.

7
EL BABILONIO PRESTAMISTA

¡Cincuenta monedas de oro! El fabricante de lanzas de la vieja Babilonia nunca había llevado tanto oro en su bolsa de cuero como aquel día. Volvía feliz caminando a grandes zancadas por el camino real del palacio. El oro tintineaba alegremente en la bolsa que colgaba de su cinturón y se movía con un suave vaivén cada vez que daba un paso. Esa era la música más dulce que jamás hubiera oído.

¡Cincuenta monedas de oro! Le costaba creer en su buena suerte. ¡Cuánto poder había en esas piezas que tintineaban! Podrían procurarle todo lo que él quisiera: una casa enorme, tierras, un rebaño, camellos, caballos, carros, todo lo que deseara.

¿Qué haría con ellas? Aquella noche, mientras tomaba una calle transversal y apresuraba su paso hacia la casa de su hermana, no podía pensar en otra cosa más que en esas pesadas y brillantes monedas que ahora le pertenecían.

Unos días más tarde, al ponerse el sol, Rodan entró perplejo en la tienda de Maton, prestamista de oro y mercader de joyas y telas exóticas. Sin fijarse en los atractivos artículos que estaban ingeniosamente dispuestos a ambos lados del lugar, cruzó la tienda y se dirigió a las habitaciones de la parte posterior. Allí encontró a quien buscaba, a Maton, tendido en una alfombra saboreando la comida que le había servido su esclavo negro.

—Me gustaría pedirte consejo porque no sé qué hacer.

Rodan estaba de pie con las piernas abiertas y por debajo de la chaqueta de cuero entreabierta se adivinaba su pecho velludo. Maton, de figura delgada y pálida, sonrió y lo saludó con afabilidad.

—¿Qué necedades habrás cometido para venir a pedir los favores del prestamista de oro? ¿Tuviste mala suerte en el juego? ¿Acaso alguna mujer te desplumó hábilmente? Desde que te conozco, nunca has solicitado mi ayuda para resolver tus problemas.

—¡No, no, nada de eso! No busco oro. He venido porque quiero pedirte un sabio consejo.

—¡Escucha, escucha lo que dice este hombre! Nadie viene a ver al prestamista de oro para que le dé un consejo. Mis oídos me están jugando una mala pasada.

—¡No! ¡Oyen correctamente!

—¿Cómo es posible? Rodan, el fabricante de lanzas, es más astuto que nadie. Por eso visita a Maton, no para pedirle que le preste oro, sino para pedirle consejo. Muchos vienen a pedirme oro para pagar sus caprichos, pero no quieren que los aconseje. Sin embargo, ¿quién mejor que el prestamista para aconsejar a quienes acuden a él?

Comerás conmigo, Rodan –continuó diciendo–. Esta noche, tú serás mi invitado. ¡Anda! –Le ordenó a su esclavo negro–. Extiende una alfombra para mi amigo Rodan, el fabricante de lanzas, que ha venido para que le aconseje. Él será mi invitado de honor. Tráele mucha comida y el mejor vino para que se complazca en beber.

Ahora, dime Rodán, ¿qué es lo que te preocupa?

—Se trata del regalo del rey.

—¿Del regalo del rey? ¿El rey te ha hecho un regalo que te causa problemas? ¿Qué clase de regalo?

—Me dio cincuenta monedas de oro porque le agradó en gran manera el diseño de las nuevas lanzas de la Guardia Real y ahora estoy muy apurado. A cualquier hora del día me siento acosado por personas que quisieran que les compartiera mis monedas.

—Es natural, hay mucha gente que querría tener más oro del que tiene y que aquellos que lo obtienen fácilmente lo compartieran con ellos. Pero, ¿no puedes decirles que no? ¿No eres lo bastante fuerte como para defenderte?

—Hay muchos días que logro decir que no, pero, otras veces, es más fácil decir que sí. ¿Puede alguien negarse a compartir este dinero con su hermana a la que se siente muy ligado?

—Seguramente, tu hermana no querrá privarte de la alegría de tu recompensa.

—Pero es por amor a su marido Araman, a quien ella desea ver convertido en un rico mercader. Ella cree que él nunca ha tenido suerte y quiere que le preste el oro para que el se convierta en un próspero mercader y después devolvérmelo con los beneficios.

—Amigo mío, –prosiguió Maton–, este asunto que quieres discutir es muy interesante. El oro otorga a quien lo posee una gran responsabilidad y cambia su posición social frente a los demás. Despierta en él su temor a perderlo o a ser engañado. El oro produce una sensación de poder y permite hacer el bien. Pero, en otras ocasiones, las buenas intenciones suelen causar problemas.

¿Has oído hablar alguna vez del granjero de Nínive que era capaz de entender el lenguaje de los animales? No es el tipo de fábula que a la gente le gusta contar en casa del herrero. Te la voy a contar para que aprendas que en el hecho de tomar prestado o de prestar hay algo más que el paso del oro de una mano a otra.

Este granjero que entendía lo que hablaban los animales entre ellos, todas las noches se paraba solo para escuchar sus conversaciones. Una noche oyó al buey quejarse al asno de la dureza de su destino:

—"Arrastro el arado desde la mañana hasta la noche. Poco importa que haga calor, que esté cansado o que la yunta me irrite el cuello; igualmente, tengo que trabajar. En cambio, tú eres una criatura hecha para el ocio. Decorado con una manta de colores, no tienes otra cosa que hacer que llevar a nuestro amo a donde desee ir. Cuando él no va a ninguna parte, tú descansas y pastas durante todo el día".

—El asno, a pesar de sus peligrosos cascos, era de naturaleza buena y simpatizaba con el buey.

—"Amigo mío", respondió, "trabajas mucho y me gustaría aliviar tu suerte. Así que, voy a contarte cómo puedes tener un día de descanso. Por la mañana, cuando venga a buscarte el esclavo para ir a la labranza, tiéndete en el suelo y empieza a mugir sin cesar para que él diga que estás enfermo y que no puedes trabajar".

—Entonces, el buey siguió el consejo del asno y a la mañana siguiente, el esclavo se dirigió a la granja y le dijo al granjero que el buey estaba enfermo y que no podía arrastrar el arado.

—"En este caso, dijo el granjero, engancha al asno pues hay que labrar la tierra".

—Durante todo el día, el asno que solamente había querido ayudar a su amigo, se vio forzado a hacer el trabajo del buey. Por la noche, cuando lo desengancharon del arado, tenía el corazón afligido, las piernas cansadas y le dolía el cuello porque la yunta se lo había irritado.

En la noche, el granjero se acercó al corral para escucharlos de nuevo. El buey empezó primero:

—"Eres un buen amigo. Gracias a tu sabio consejo, he disfrutado de un día de descanso".

—"En cambio yo", replicó el asno, "soy un corazón compasivo que empieza por ayudar a un amigo y termina por hacer su trabajo. A partir de ahora, tú arrastrarás tu propio arado porque he oído que el amo le decía al esclavo que fuera a buscar al carnicero si todavía seguías enfermo. Espero que él lo haga porque eres un compañero perezoso".

—Nunca más se hablaron. Allí terminó su amistad.

—Rodar, ¿puedes explicarme la moraleja de esta fábula? Es una buena fábula, pero yo no veo la moraleja.

—No pensaba que fueras a descubrirla. Pero sí hay una y es muy simple: si quieres ayudar a tu amigo, hazlo de forma que luego no recaigan sobre ti sus responsabilidades.

—No se me había ocurrido eso. Es una moraleja muy sabia. No deseo cargar con las responsabilidades de mi hermana, ni con las de su marido. Pero dime, tú que le prestas dinero a tanta gente: ¿acaso los que te piden dinero prestado no te lo devuelven?

—Maton sonrió con el gesto que permite la experiencia.

—¿Acaso sería un buen préstamo si no me lo devolvieran? ¿No crees que el prestamista tiene que ser lo suficientemente listo como para juzgar con precaución si el oro que presta será de utilidad para el que lo pide prestado y después le será devuelto, o si el oro se desperdiciará inútilmente y dejará al que lo ha pedido abrumado por una deuda que nunca podrá pagar? Voy a enseñarte las monedas que tengo en mi cofre y dejaré que te cuenten algunas historias.

—Acto seguido, trajo a la habitación un cofre tan largo como su brazo; estaba cubierto con piel de cerdo roja y adornado con figuritas de bronce. Lo depositó en el suelo y se agachó delante de él, con las dos manos colocadas encima de la tapa.

—Exijo una garantía de cada persona a la que le presto dinero y la dejo en el cofre hasta que me paguen. Cuando lo hacen, se las devuelvo; pero, si no lo hacen, este depósito me recordará siempre a aquél que me traicionó.

El cofre me demuestra que lo más seguro es prestarles dinero a aquellos cuyas posesiones tienen más valor que el oro que desean que les preste. Si tienen tierras, joyas, camellos u otros objetos de valor, podré venderlos como pago del préstamo. Algunas de las prendas que me dan tienen más valor que el préstamo. Con otras, prometen entregarme una parte de sus propiedades como pago si me no lo devuelven. Gracias a esta clase de préstamos, me aseguro de que me devolverán el oro con intereses, ya que el préstamo se basa en el valor de las propiedades.

Hay otra categoría de personas que piden dinero prestado: las que pueden ganar dinero. Es gente como tú, que trabaja o sirve y le pagan. Cuenta con unos ingresos, es honesta y no tiene mala suerte. Sé que ellos también pueden devolver el oro que les presto y los intereses a los que tengo derecho. Estos préstamos se basan en el esfuerzo humano.

Los otros son los que no poseen propiedades, ni tampoco ganan dinero. La vida es dura y siempre habrá gente que no logró adaptarse. Con ellos, sé que más tarde mi cofre me reprocharía que les prestara dinero aunque sea menos que un céntimo, a menos que sus buenos amigos me garantizaran la devolución.

—Maton soltó el cerrojo y abrió la tapa. Rodan se acercó a mirar con curiosidad. Había un collar de bronce encima de una tela de color escarlata. Maton tomó la joya y la acarició con cariño diciendo:

—Esta prenda siempre estará en mi cofre porque su propietario está muerto. La conservo cuidadosamente y me acuerdo mucho de él porque era un buen amigo. Hicimos grandes negocios juntos hasta que él trajo a una mujer del Este, que no se parecía en nada a nuestras mujeres, con la que se casó. Una criatura deslumbrante.

Malgastó todo su oro para colmar los deseos de ella. Cuando ya no le quedaba más, acudió a mí, angustiado. Le aconsejé. Le dije que le ayudaría una vez más a dirigir sus negocios. Juró por el signo del Gran Toro que retomaría las riendas de sus asuntos. Pero eso no ocurrió. Durante una pelea, aquella mujer le hundió un cuchillo en el corazón, del mismo modo en que él le había desafiado a que hiciera.

—¿Y ella…? –Preguntó Rodan.

—Sí, este collar era suyo.

—Maton cogió la bella tela color escarlata y continuó:

—Presa de amargos remordimientos, se lanzó al Éufrates. Nunca me devolverán estos dos préstamos. Este cofre te explica, Rodan, que los que piden dinero prestado y son muy apasionados constituyen un gran riesgo para el prestamista de oro. Ahora, voy a contarte otra historia diferente.

—Buscó un anillo esculpido en un hueso de buey, y dijo:

—Esta joya pertenece a un granjero. Yo compro las alfombras que sus mujeres tejen. Los saltamontes devastaron sus cosechas y sus trabajadores no tenían nada que comer. Le ayudé y a la cosecha siguiente me devolvió el dinero. Más tarde, volvió a visitarme y me dijo que un viajante le había hablado de unas extrañas cabras que había en unas tierras lejanas. Tenían el pelo tan suave y fino que sus mujeres podrían tejer las alfombras más bellas que se hubieran visto jamás en Babilonia. Él quería poseer ese rebaño, pero no tenía dinero. Así que le presté el oro necesario para el viaje y para la compra de las cabras. Ahora ya tiene su rebaño y el año que viene va a sorprender a los amos de Babilonia con las alfombras más caras que nunca hayan tenido la oportunidad de comprar. Pronto le devolveré el anillo. Él insiste en devolverme el dinero rápidamente.

—¿Acaso hay personas que piden dinero prestado que hacen esto? –Inquirió Rodan.

—Si me piden dinero con el fin de invertirlo, lo adivino y acepto prestarlo. Pero, si lo hacen para pagarse sus caprichos, les advierto que sean prudentes si quieren recobrar su garantía.

—¡Cuéntame la historia de esta joya! —Le pidió Rodan mientras tomaba con sus manos un brazalete de oro incrustado de extraordinarias piedras.

—Su propietaria es gorda y arrugada; habla tanto para decir tan poco, que me enoja. Antaño, tenía mucho dinero y su hijo y ella eran buenos clientes, pero el tiempo les trajo desgracias. A ella le hubiera gustado hacer de su hijo un mercader. Un día vino a mi casa y me pidió dinero prestado para que él pudiera asociarse con el propietario de una caravana que viajaba con sus camellos y trocaba en una ciudad lo que compraba en otra.

El hombre demostró ser un canalla porque dejó al pobre chico en una ciudad lejana sin dinero y sin amigos, tras abandonarlo mientras dormía. Quizá cuando sea adulto, me devolverá lo que le presté. Desde entonces, no recibo ningún interés por el préstamo, solo palabras vanas. Pero reconozco que las joyas valen el préstamo.

—¿Y esta mujer, te pidió algún consejo sobre este préstamo?

—Al contrario, se imaginó que su hijo sería un hombre poderoso y rico de Babilonia. Sugerirle lo contrario la hubiera enfurecido. Solo tuve derecho a una reprimenda. Yo sabía que corría un riesgo porque su hijo era inexperto, pero como ella ofrecía una garantía, no pude negarle el préstamo.

—Esto –continuó Maton mientras agitaba un pedazo de cuerda anudado– pertenece a Nebatur, el comerciante de camellos. Cuando compra un rebaño que cuesta más de lo que él posee, me trae este nudo y yo le hago un préstamo según sus necesidades. Es un comerciante muy listo. Confío en su juicio y puedo prestarle dinero tranquilamente.

Muchos otros mercaderes de Babilonia también gozan de mi confianza porque su conducta es honrada.

Los objetos que me entregan en depósito entran y salen regularmente del cofre. Los buenos mercaderes forman un activo en nuestra ciudad y para mí es beneficioso ayudarles a mantener vivo el comercio para que Babilonia sea próspera.

—Maton tomó un escarabajo esculpido en una turquesa y lo lanzó desdeñosamente al suelo. Luego, dijo:

—Es un insecto de Egipto. Al joven que posee esta piedra no le importa demasiado devolverme mi dinero. Cuando se lo reclamo, me responde: "¿Cómo puedo devolvértelo si la desgracia se cierne sobre mí? ¡Tienes a otros! ¿Qué puedo hacer?" El objeto pertenece a su padre, un hombre valeroso, pero que no es rico y que empeñó sus tierras y su rebaño para ayudarle a su hijo en sus empresas. Al principio, el joven tuvo éxito, y luego empezó a estar muy ansioso por enriquecerse.

Por culpa de su inexperiencia, sus tentativas se fueron al traste. Los jóvenes son ambiciosos. Les gustaría conseguir rápidamente las riquezas y las cosas deseables que estas les aportan. Y para asegurarse una fortuna rápida, piden dinero prestado con imprudencia.

Como es su primera experiencia, no comprenden que una deuda que no sea devuelta es como un agujero profundo al que descendemos rápidamente y en el que nos debatimos en vano durante mucho tiempo. Ese es un agujero de penas y lamentos donde la luz del sol se ensombrece y la noche perturba un sueño agitado.

Pero no desaconsejo que se preste dinero. Animo a que se haga. Lo recomiendo en el caso de que se haga con una buena finalidad. Yo mismo tuve mi primer gran éxito como mercader con dinero que me habían prestado.

Pero, ¿qué debe hacer un prestamista en un caso así? El joven ha perdido la esperanza y no hace nada. Se ha desanimado. No se esfuerza por devolver el dinero. Y yo no quiero despojar a su padre de sus tierras, ni de su ganado.

—Me has contado muchas historias interesantes, pero no has contestado a mi pregunta. ¿Debo o no debo prestarles las cincuenta monedas de oro a mi hermana y a su marido? ¡Tienen tanto valor para mí!

—Tu hermana es una mujer valiente y le tengo mucha estima. Si su marido viniera a verme para pedirme cincuenta monedas de oro, le preguntaría en qué iba a emplearlas. Si me contestara que quiere hacerse mercader como yo y tener una tienda de joyas y de muebles, yo le preguntaría: "¿Conoces este oficio? ¿Sabes dónde se puede comprar barato?".¿Acaso podría él responder afirmativamente a todas estas preguntas?

—No, no podría –admitió Rodan–. Me ayudó mucho a fabricar lanzas y también ayudó en otras tiendas.

—Entonces, le diría que su objetivo no es sensato. Los mercaderes tienen que aprender su oficio. Su ambición, más que encomiable, no es lógica y, por lo tanto, no le prestaría dinero.

—Pero supongamos que dice: "Sí, ayudé mucho a los mercaderes. Sé cómo ir a Esmirna para comprar a bajo precio las alfombras que las mujeres tejen. Además, conozco a los ricos de Babilonia a quien puedo venderles y así obtener grandes beneficios".

—Entonces, le diría: "Tu objetivo es sensato y tu ambición es digna. Me alegraré de prestarte las cincuenta monedas de oro si me aseguras que me las devolverás".

—Pero si dijera: "De la única forma en que te lo puedo asegurar es diciéndote que soy un hombre de honor y que te devolveré tu oro".

—Entonces, le respondería: "Cada moneda de oro es muy valiosa para mí. Si los ladrones te quitaran el dinero de camino a Esmirna o te arrebataran las alfombras a la vuelta, no tendrías medios para pagarme y yo perdería mi oro".

Como ves, Rodan, el oro es la mercancía del prestamista. Es fácil prestarlo. Pero, si se presta con imprudencia, es difícil de recuperar. Una promesa es un riesgo que un prestamista prudente desdeña y prefiere la garantía de una devolución asegurada. Es bueno ayudar a los que lo necesitan, a los que no tienen suerte. Está bien ayudar a los que empiezan para que prosperen y se conviertan en buenos ciudadanos. Pero la ayuda debe ser sensata porque si no, igual que el asno de la granja deseoso de ayudar, cargaremos con un peso que le pertenece a otro.

Sigo alejándome de tu pregunta, Rodan, pero escucha mi respuesta: guarda tus cincuenta monedas de oro. Son la justa recompensa de tu trabajo y nadie puede obligarte a compartirlas, a menos que tú lo desees. Si quisieras prestarlas para que te dieran más oro, deberás hacerlo con precaución y en sitios distintos. No me gusta ni el oro que duerme, ni tampoco los grandes riesgos. ¿Cuántos años has trabajado como fabricante de lanzas?

—Tres años.

—¿Además del regalo del rey, ¿cuánto dinero has ahorrado?

—Tres monedas de oro

—¿O sea que cada año que has trabajado te has privado de cosas buenas para ahorrar una moneda de tus ganancias?

—¡Así es!

—Entonces, ¿quizás privándote de las cosas buenas podrías ahorrar cincuenta monedas de oro en cincuenta años?

—¡Sería el fruto de toda una vida!

—¿Y crees que tu hermana arriesgaría los ahorros de tus cincuenta años de trabajo para que su marido diera los primeros pasos como mercader?

—No, visto de este modo, no.

—Entonces, ve a verla y dile: "He estado tres años trabajando todos los días de la mañana a la noche, excepto en los días de ayuno. Me privé a propósito de muchas cosas que deseaba ardientemente. Por cada año de trabajo y de abnegación, conseguí una moneda de oro. Eres mi hermana predilecta y deseo que tu marido emprenda un negocio en el que prospere mucho. Si él me presenta un plan que a mi amigo Maton le parezca sensato y realizable, entonces le prestaré con gusto mis ahorros de un año entero para que tenga la oportunidad de demostrar que puede tener éxito".

Haz lo que te digo y si él tiene talento para triunfar, tendrá que demostrarlo. Si falla, no te deberá más que lo que espera devolverte algún día. Yo soy prestamista de oro porque tengo más oro del que me hace falta para comerciar. Deseo que mi excedente de oro trabaje para los demás y así me aporte más oro. No me quiero arriesgar a perderlo porque he trabajado mucho y me he privado de muchas cosas para ahorrarlo. Así que no voy a prestárselo a quien no merezca mi confianza, ni me asegure que me será devuelto. Tampoco lo prestaré si no estoy convencido de que los intereses de este préstamo me serán devueltos rápidamente.

Te he contado, Rodan, algunos secretos de mi cofre. Estos secretos te han revelado las debilidades de las gentes y su ansiedad por pedir dinero prestado aunque no siempre tengan los medios seguros para devolverlo. Con estos ejemplos, te darás cuenta de que, a menudo, la gran esperanza de estas personas sería adquirir grandes ganancias si tuvieran dinero y que, simplemente, se trata de falsas esperanzas porque no tienen ni la habilidad, ni la experiencia necesarias para conseguirlas.

Ahora tú, Rodan, posees el oro que podría producirte más oro. Estás muy cerca de convertirte, como yo, en un prestamista. Si conservas tu tesoro, te aportará generosos intereses; será una fuente abundante de placeres y te servirá para el resto de tus días. Pero, si lo dejas escapar, será una fuente tan constante de penas y lamentos, que nunca lo olvidarás. ¿Qué es lo que más deseas para el oro que contiene tu bolsa de cuero?

—Guardarlo en un lugar seguro.

—Has hablado con sensatez –respondió Maton en tono de aprobación. Tu primer deseo es la seguridad. ¿Crees que bajo la custodia de tu cuñado estará seguro y al abrigo de cualquier pérdida?

—Me temo que no porque él no es prudente en su forma de guardarlo.

—Entonces, no te dejes influir por los estúpidos sentimientos que te llevan hacia confiarle tu tesoro a cualquier persona. Si quieres ayudar a tu familia o a tus amigos, encuentra otros medios que no sean arriesgarte a perderlo. No te olvides de que el oro escapa inesperadamente a los que no saben guardarlo. Ya sea por extravagancia o dejando que los otros lo pierdan por ti.

—Después de seguridad, ¿qué es lo que más deseas para tu tesoro?

—Que me produzca más oro.

—Vuelves a hablar con sensatez. Tu oro tiene que darte ganancias y aumentar. El dinero que se presta sabiamente puede incluso duplicarse antes de que te hagas viejo. Si te arriesgas a perder tu dinero, también te arriesgas a perder todo lo que él te pueda reportar.

Así que no te dejes influir por los planes fantásticos de hombres imprudentes que piensan que saben la forma de hacer que tu oro produzca extraordinarias ganancias. Esos son planes forjados por soñadores inexpertos que no conocen las leyes seguras y fiables del comercio. Sé conservador en cuanto a las ganancias que tu oro podría producirte y en cuanto a lo que podrías ganar y así saca partido de tu tesoro. Invertir el oro contra una promesa de ganancias usureras es perderlo.

Intenta asociarte con personas hábiles y emprender negocios cuyo éxito esté asegurado para que tu tesoro salga ganando y esté en lugar seguro gracias a tu astucia y experiencia. De este modo, evitarás las desgracias que acompañan a la mayoría de los hijos de los hombres a quienes Dios confía el oro.

—Cuando Rodan quiso agradecerle su sabio consejo, este no le escuchó y dijo:

—El regalo del rey te procurará mucha sabiduría. Si guardas las cincuenta monedas de oro, tendrás que ser discreto. Sentirás tentación de invertir en muchos proyectos. Te darán muchos consejos. Surgirán muchas oportunidades de obtener grandes beneficios. Sin embargo, antes de prestar ninguna moneda de oro, tienes que asegurarte de que te será devuelta. Si quieres más consejos, vuelve a visitarme. Te los daré gustosamente. Y antes de irte, lee lo que grabé en la tapa del cofre. Se puede aplicar tanto al prestamista como al que pide el dinero prestado:

"VALE MÁS PREVENIR QUE CURAR"

8
LAS MURALLAS DE BABILONIA

El viejo Banzar, guerrero feroz en otros tiempos, hacía guardia en la pasarela que llevaba a la parte más alta de las murallas de Babilonia. A lo lejos, valerosos soldados defendían el acceso a ellas. La supervivencia de la gran ciudad y de sus centenares de miles de habitantes dependía de ellos.

De más allá de las murallas llegaban el fragor de los ejércitos que combatían, los gritos de los hombres, los cascos de miles de caballos y el ensordecedor ruido de los arietes que golpeaban las puertas de bronce.

Los lanceros estaban en alerta continua, preparados para impedir la entrada en la ciudad en el caso de que las puertas cedieran, pero no eran numerosos. Los ejércitos principales estaban lejos, hacia el Este, acompañando al rey, que dirigía una campaña contra los elamitas. No previeron que podrían ser atacados durante esta ausencia y las fuerzas defensoras eran escasas.

Cuando nadie se lo esperaba, los grandes ejércitos asirios llegaron del Norte. Las murallas deberían soportar el ataque, si no, ese sería el fin de Babilonia.

Alrededor de Banzar se agrupaban numerosos ciudadanos con expresión espantada que se informaban ansiosamente sobre la evolución de los combates. Todos miraban aterrorizados la hilera de soldados muertos o heridos que eran transportados o que descendían de las torres. El asalto estaba llegando al momento crucial. Tras haber rodeado la ciudad durante tres días, el enemigo había concentrado sus fuerzas en aquella parte del muro y en la puerta.

Las defensas, situadas en la parte superior, mantenían a raya a los adversarios que intentaban escalar las paredes mediante plataformas o escaleras, echándoles aceite hirviendo o disparando sus lanzas contra los que conseguían llegar hasta lo más alto. Los enemigos respondían disponiendo una línea de arqueros que proyectaban una lluvia de flechas contra los babilonios.

El viejo Banzar ocupaba un puesto elevado desde el cual veía muy bien todo lo que pasaba; se encontraba muy cerca del centro de los combates y era el primero en percibir los ataques frenéticos del enemigo.

Un comerciante de edad avanzada se le acercó:

—¡Dígame, por favor! No podrán entrar, ¿verdad?

Juntando las dos manos, siguió diciéndole:

—Mis hijos están acompañando a nuestro buen rey y no hay nadie para proteger a mi anciana esposa. Robarán todos nuestros bienes, tomarán todas nuestras reservas. Nosotros ya somos viejos, demasiado para servir como esclavos, nos moriremos de hambre. Pereceremos. Dígame que no podrán entrar en la ciudad.

—Cálmate, buen hombre –le respondió el guardia–. Las murallas de Babilonia son sólidas. Vuelve al bazar y dile a tu mujer que las murallas los protegerán tanto a ustedes como a sus bienes, al igual que a los ricos tesoros del rey. Mantente pegado a la muralla para que no te alcance una flecha.

Una mujer con un bebé en brazos ocupó el lugar del hombre que se retiraba.

—Sargento, ¿Qué noticias hay del combate? Dígame la verdad para tranquilizar a mi pobre marido. Está en cama con una gran fiebre producida por sus terribles heridas, pero insiste en protegerme con su armadura y su lanza porque estoy encinta. Dice que la venganza del enemigo sería terrible en el caso de que entrara.

—Tienes buen corazón porque eres madre, y lo volverás a ser. Las murallas de Babilonia los protegerán a usted dos y a sus hijos. Son altas y sólidas, ¿no oyes los gritos de nuestros valientes defensores que les tiran calderos de aceite hirviendo a quienes intentan escalar los muros?

—Sí, y también oigo el bramido de los arietes que chocan contra nuestras puertas.

—Vuelve con tu marido, dile que las puertas son fuertes y resistirán el embate de los arietes. Dile también que a los que escalan las murallas les espera una lanza. Ve con cuidado y date prisa en llegar para que estés más segura.

Banzar se apartó para dejar vía libre a los refuerzos armados. Cuando pasaron muy cerca de él con su pesada marcha y con los escudos de bronce que tintineaban, una niña sacudió el cinturón de Banzar:

—Dígame, por favor, soldado, ¿estamos seguros? Oigo ruidos terribles, veo hombres que sangran ¡Tengo tanto miedo! ¿Qué será de nuestra familia, mi madre, mi hermanito y el bebé?

El viejo militar tuvo que cerrar los ojos y levantar la barbilla mientras alzaba a la niña.

—No tengas miedo, pequeña. Las murallas de Babilonia los protegerán a ti, a tu madre, a tu hermanito y al bebé. La buena Reina Semiramis hace cien años las hizo construir para proteger a gente como tú. Vuelve y dile a tu familia que las murallas de Babilonia los protegerán y que no tienen de qué tener miedo.

Todos los días, el viejo Banzar permanecía en su puesto y observaba cómo los recién llegados subían a las torres y combatían hasta que, heridos o muertos, los bajaban. A su alrededor, una muchedumbre de ciudadanos atemorizados y ansiosos quería saber si las murallas aguantarían y él les daba a todos la misma respuesta con la dignidad propia del viejo soldado:

—¡Las murallas de Babilonia nos protegerán!

Durante tres semanas y cinco días, continuó el ataque con renovada violencia. Cada día la mandíbula de Banzar se crispaba más y más, pues el paso lleno de sangre de los numerosos heridos se había convertido en un lodazal por el flujo incesante de hombres que subían y bajaban tambaleantes. Todos los días, los atacantes masacrados se amontonaban en pilas ante las murallas; todas las noches, sus camaradas los transportaban y enterraban.

La quinta noche de la última semana, el clamor disminuyó. Los primeros rayos de sol iluminaron la llanura cubierta de grandes nubes de polvo que levantaban los ejércitos en retirada. Un inmenso grito se alzó entre los defensores. No había duda de lo que significaba esa señal. Fue repetida por las tropas que esperaban detrás de las murallas, por los ciudadanos en las calles y atravesó la ciudad con la velocidad de una tempestad.

La gente salió precipitadamente de las casas, una muchedumbre delirante llenó las calles, los sentimientos de miedo reprimidos durante semanas se transformaron en un grito de alegría salvaje. De lo alto de la gran torre de Bel salieron las llamas de la victoria, una columna de humo azul se alzó en el cielo para llevar bien lejos su mensaje.

Una vez más, las murallas de Babilonia habían repelido a un enemigo poderoso y feroz, dispuesto a saquear sus ricos tesoros y a dominar a sus ciudadanos y reducirlos a la esclavitud. La ciudad de Babilonia sobrevivió varios siglos porque estaba completamente protegida. De otro modo, no habría subsistido.

Estas murallas ilustran muy bien las necesidades del hombre y su deseo de estar protegido, el cual es inherente a la raza humana y que, en la actualidad, sigue siendo tan fuerte como en la Antigüedad, solo que hoy hemos desarrollado planes más amplios y mejores para protegernos.

Hoy en día, apostados tras los muros inexpugnables de los seguros, de las cuentas bancarias y de inversiones fiables, intentamos protegernos de las tragedias inesperadas que puedan surgir en cualquier momento.

NO PODEMOS PERMITIRNOS VIVIR SIN ESTAR PROTEGIDOS DE MANERA ADECUADA.

9
EL BABILONIO TRATANTE DE CAMELLOS

Cuanto más nos atenaza el hambre, más activo se vuelve nuestro cerebro y más sensibles nos volvemos al olor de la comida.

Ciertamente, Tarkad, el hijo de Azure, reflexionaba sobre esto. Tan solo había comido dos pequeños higos de una rama que salía más allá del muro de un jardín y no alcanzó a abastecerse de más cuando una mujer enfadada apareció y lo echó del lugar. Sus gritos agudos aún resonaban en sus oídos mientras atravesaba la plaza del mercado. Aquellos graznidos horribles le ayudaron a tener quietos los dedos, tentados siempre de coger alguna fruta de las cestas de las mujeres del mercado.

Nunca hasta entonces se había dado cuenta de la gran cantidad de comida que llegaba al mercado de Babilonia, ni de lo bien que olía. Tras dejar el mercado, atravesó la plaza en dirección a una posada ante la que duró paseándose de un lado para el otro. Tal vez allí encontraría a alguien que pudiera dejarle una moneda de cobre con la cual pedir abundante comida y arrancarle así una sonrisa al austero dueño de la posada. Él sabía muy bien que, sin una moneda, no sería bienvenido.

Distraído, como estaba, se encontró sin esperarlo, cara a cara con el hombre al que más deseaba evitar, Dabasir, el tratante de camellos de larga y huesuda figura. De todos los amigos o conocidos a los que les había pedido prestadas pequeñas sumas de dinero, Dabasir era el que lo hacía sentirse más incómodo pues no le había cumplido la promesa de reembolsarle rápidamente lo que le debía.

El rostro de Dabasir se iluminó al ver a Tarkad.

—¡Ajá, Tarkad, justo a quien buscaba! Tal vez puedas devolverme las dos monedas de cobre que te dejé hace una luna, y también la de plata que te había dejado antes. ¡Qué suerte! Hoy mismo podré usar esas monedas. ¿Qué dices a eso, muchacho?

Tarkad empezó a balbucear y enrojeció. Su estómago vacío no le ayudaba a tener la cara dura de discutir con Dabasir.

—¡Lo siento, lo siento mucho! –Murmuró débilmente–, pero hoy tampoco tengo las dos monedas de cobre, ni la de plata que te debo.

—¡Pues consíguelas! –Insistió Dabasir–. Seguro que encontrarás un par de monedas de cobre y una de plata para pagar la generosidad de un viejo amigo de tu padre que te ayudó cuando te hacía falta.

—No te puedo pagar por culpa de mi mala suerte.

—¿De tu mala suerte? ¿Culparás a los dioses de tu propia debilidad? La mala suerte persigue a los hombres que piensan más en pedir que en producir. Muchacho, ven conmigo, acompáñame mientras como, tengo hambre y te quiero contar una historia.

Tarkad retrocedió ante la brutal franqueza de Dabasir, pero al menos era una invitación para entrar en un sitio donde se comía.

Dabasir lo empujó hasta un rincón del salón y allí se sentaron sobre unas pequeñas alfombras.

Cuando Kauskor, el propietario del lugar, apareció sonriente, Dabasir se dirigió a él con su habitual familiaridad:

—Lagarto del desierto, tráeme una pierna de cabra bien cocinada y con mucha salsa, pan y bastantes verduras que tengo mucha hambre y necesito mucha comida. No olvides a mi amigo, tráele una jarra de agua, y que sea fresca, pues el día es caluroso.

El corazón de Tarkas parecía desfallecer. Tendría que sentarse allí a beber agua y a ver cómo aquel hombre devoraba una pierna entera de cabra. No decía nada. No se le ocurría nada que decir.

En cambio Dabasir no sabía lo que era el silencio. Sonriendo y saludando con la mano a todos los demás clientes, a los cuales conocía, continuó:

—Le he oído decir a un viajero que acaba de llegar de Urfa que un hombre rico de allí posee una piedra tan fina que se puede ver a través de ella. La coloca en las ventanas de su casa para impedir que la lluvia entre.

Por lo que me ha dicho el viajero, es amarilla y le permitieron mirar a través de ella de modo que el mundo exterior le pareció extraño y diferente de lo que es en realidad. ¿Tú que piensas, Tarkad? ¿Crees que un hombre puede ver el mundo de un color diferente del que en realidad tiene?

—No sabría decirlo –respondió el joven mucho más interesado por la pierna de cabra que estaba delante de Dabasir.

—Pues yo sé que es cierto, ya que he visto con mis propios ojos el mundo de un color diferente del que en realidad tiene, y la historia que te contaré relata cómo llegué a volver a verlo con su verdadero color.

—Dabasir va a contar una historia –murmuró alguien de una mesa vecina a su compañero, y acercó su alfombra hacia ellos; los demás comensales cogieron su comida y también se agruparon en un semicírculo.

Todos comían ruidosamente al oído de Tarkad; lo tocaban con los huesos de la carne; él era el único que no tenía comida. Dabasir no le propuso que compartiera con él la pierna de cabra, ni le ofreció el trozo de pan duro que se había caído al suelo.

—La historia que te voy a contar –empezó Dabasir, haciendo una pausa para poder llevarse a la boca un buen trozo de carne– relata mi juventud y cómo llegué a ser tratante de camellos. ¿Alguno de ustedes sabía que yo fui en un tiempo esclavo en tierras lejanas?

Un murmullo de sorpresa recorrió el auditorio y Dabasir lo escuchó con satisfacción.

—Cuando era joven –continuó diciendo después de otro goloso ataque a la pierna de cabra–, aprendí el oficio de mi padre, la fabricación de sillas de montar. Trabajé con él en la tienda hasta que me casé.

Como era joven e inexperto, ganaba poco, justo lo necesario para cubrir con modestia las necesidades de mi excelente esposa. Estaba ansioso de obtener buenas cosas que no me podía permitir por el momento. Muy pronto, me di cuenta de que los propietarios de las tiendas me daban crédito aunque no pudiera pagarles a tiempo. Joven e inexperto, yo no sabía que el que gasta más de lo que gana siembra los vientos de la inútil indulgencia y cosecha tempestades de problemas y humillaciones. De este modo, sucumbí a los caprichos y, sin tener el dinero necesario, me compré bellas ropas y objetos de lujo para mi esposa y para nuestra casa.

Fui pagando como pude, y durante un cierto tiempo todo pareció ir bien. Pero un día descubrí que, con lo que ganaba, no tendría suficiente para pagar mis deudas y vivir. Mis acreedores me empezaron a perseguir para que pagara mis extravagantes compras y mi vida se volvió miserable. Les pedía prestado a mis amigos, pero tampoco lograba devolverles sus préstamos; las cosas iban de mal en peor. Mi mujer volvió con su padre y yo decidí irme de Babilonia a otra ciudad donde un joven como yo tuviera más oportunidades.

Durante dos años, llevé una vida agitada y sin éxitos, siempre viajando con las caravanas de los mercaderes. Después, pasé a un grupo de ladrones que recorrían el desierto en busca de caravanas no armadas. Tales acciones no eran dignas del hijo de mi padre, pero yo veía el mundo a través de una piedra coloreada y no me daba cuenta hasta qué punto me había degradado.

Tuvimos éxito en nuestro primer viaje al capturar un rico cargamento de oro, sedas y mercancías de gran valor. Llevamos este botín a Ginir y allí lo derrochamos.

La segunda vez, no tuvimos tanta suerte porque, después de haber efectuado el robo, fuimos atacados por los guerreros de un jefe indígena al que las caravanas le pagaban para que las protegiera. Ellos mataron a nuestros dos jefes y a los que quedamos nos llevaron a Damasco, nos despojaron de nuestras ropas y nos vendieron como esclavos.

Un jefe del desierto sirio me compró por dos monedas de plata. Me habían rapado la cabeza y estaba vestido solamente con algunos trozos de tela; no era diferente de los otros esclavos. Como yo era un joven despreocupado, pensaba que aquello no era más que una aventura hasta que mi amo me llevó ante sus cuatro mujeres y me dijo que me tendrían como eunuco.

Entonces sí entendí de verdad mi situación. Esos hombres del desierto eran salvajes y guerreros, y yo estaba sujeto a su voluntad, desprovisto de armas y sin esperanza de escapar.

Estaba de pie, espantado por las cuatro mujeres que me examinaban. Me preguntaba si podría esperar alguna compasión de su parte. Sira, la primera mujer, era más vieja que las otras y me miraba inconmovible. Me aparté de ella sin esperar nada de su parte; la siguiente, de gran belleza y mirada despectiva, me observaba con tanta indiferencia, como si yo fuera un gusano en la tierra. Las dos más jóvenes reían como si aquello fuese una broma divertida.

El tiempo que esperé su veredicto me pareció un siglo, cada una parecía dejarles la decisión final a las demás. Finalmente, Sira habló con una voz gélida:

—Tenemos muchos eunucos, pero solo unos pocos guardianes de camellos, y además no sirven para nada; hoy iré a ver a mi madre enferma y no tengo ningún esclavo en el cual confiar para que se ocupe de mi camello. Pregúntale a este esclavo si él sabe conducir uno.

Entonces mi amo me preguntó:

—¿Qué sabes de camellos?

—Luchando por esconder mi entusiasmo, le respondí: "Sé hacer que se arrodillen, sé prepararlos y conducirlos durante largos viajes sin cansarme. Y si es necesario, puedo reparar sus arneses".

—El esclavo sabe bastante, –observó mi amo–. Si ese es tu deseo, haz de este hombre tu camellero, Sira.

—Así fui dado a Sira y ese mismo día la conduje tras un largo viaje en camello al lado de su madre enferma. Aproveché la ocasión para agradecerle su intervención y para decirle que no era esclavo de nacimiento, sino hijo de un hombre libre, un honorable fabricante de sillas de Babilonia. También le conté mi historia. Sus comentarios me desconcertaron; más tarde, reflexioné largamente sobre lo que ella me dijo:

—¿Cómo puedes llamarte a ti mismo hombre libre cuando tu debilidad te ha llevado a esta situación? Si un hombre tiene alma de esclavo, no se convertirá en uno, sin importar su cuna, del mismo modo que el agua busca su nivel. Y si alguien tiene alma de hombre libre, ¿no se hará respetar y honrar en su ciudad aunque no lo haya acompañado la suerte?

—Durante un año fui esclavo y viví con esclavos, pero no podía convertirme en uno de ellos. Un día Sira me preguntó:

—¿Por qué te quedas solo en tu tienda por la noche, cuando los otros esclavos se juntan en agradable compañía?

—A ello respondí: "Pensando en lo que me dijiste. Me pregunto si tendré alma de esclavo. No puedo unirme a ellos, por eso me mantengo al margen".

— Yo también me mantengo al margen, —me confió–. Yo tenía una gran dote, por eso mi señor se casó conmigo. Pero no me desea y lo que toda mujer anhela es ser deseada. Por eso, y como soy estéril y no tengo hijos, me mantengo al margen. Si yo fuera un hombre, preferiría la muerte antes de ser esclavo, pero las leyes de nuestra tribu hacen de las mujeres esclavas.

—¿Qué piensas de mí ahora, que tengo alma de hombre libre o de esclavo? –Le pregunté de repente.

—¿Quieres devolver las deudas que contrajiste en Babilonia?

—¡Sí que lo quiero, pero no veo cómo podría hacerlo!

— Si dejas que los años pasen sin preocuparte y sin hacer esfuerzo alguno para devolver ese dinero, entonces tienes alma de esclavo. No puede ser de otro modo si un hombre no se respeta a sí mismo; nadie se tiene verdadero respeto si no paga las deudas que ha contraído.

—Pero ¿qué puedo hacer si soy esclavo en Siria?

—Sé esclavo en Siria ya que eres un ser débil.

—¡No soy un ser débil!

—Entonces, ¡pruébalo!

—¿Cómo?

— ¿Acaso tu rey no combate a sus enemigos con todas las fuerzas que tiene y de todas las maneras posibles? Tus deudas son tus enemigos, te hicieron huir de Babilonia. Dejaste que se acumularan y se hicieron demasiado grandes para ti. Si las hubieras combatido como un hombre, las habrías vencido y hubieras sido una persona honrada por las gentes de tu ciudad. Pero no tuviste valor para hacerlo y mírate: tu orgullo te ha abandonado y has ido de desgracia en desgracia hasta llegar a convertirte en esclavo en Siria.

—Pensé mucho en estas desagradables acusaciones y concebí diversas teorías exculpatorias para probarme que en mi fuero interno no era un esclavo, pero no tuve oportunidad de demostrarlo. Tres días más tarde, la sirvienta de Sira vino a buscarme para conducirme ante mi ama.

—Mi madre vuelve a estar muy enferma, dijo. Unce los dos mejores camellos de mi marido, átales odres llenos de agua y carga las alforjas para un largo viaje. La criada te dará la comida en la tienda de cocina.

—Cargué los camellos preguntándome la razón de tanta comida que me daba la criada, pues la casa de la madre de mi ama estaba a menos de una jornada de viaje. La sirvienta montó en el segundo camello y yo conduje el de Sira. Cuando llegamos a la casa de su madre, ya empezaba a hacerse de noche. Sira despidió a la criada y me dijo:

—Dabasir, ¿tienes alma de hombre libre o de esclavo?

—¡De hombre libre!

—Ahora tienes la oportunidad de probarlo. Tu amo ha bebido mucho y sus hombres están embotados. Coge los camellos y huye. En ese saco tienes vestidos de tu amo para disfrazarte. Yo diré que robaste los camellos y huiste mientras yo visitaba a mi madre enferma.

—¡Tienes alma de reina! ¡Me gustaría hacerte feliz!

—No espera la felicidad a la mujer que huye de su marido para buscarla en tierras lejanas, entre extranjeros. Toma tu propio camino y que te protejan los dioses del desierto, pues la ruta es larga, sin comida ni agua.

—No tuve necesidad de que me lo dijera dos veces; se lo agradecí calurosamente y me fui en medio de la noche. No conocía aquel extraño país y solo tenía una pequeña idea de la dirección que había de seguir para llegar a Babilonia, pero me adentré con valentía en el desierto, hacia las colinas. Iba montado en un camello y arriaba al otro. Viajé durante toda la noche y el día siguiente lleno de ansiedad, conociendo la suerte reservada a los esclavos que roban la propiedad de sus amos e intentan escapar.

Hacia el final de la tarde, llegué a un país árido, tan inhabitable como el desierto. Las agudas piedras herían las patas de mis fieles camellos que paso a paso y con gran esfuerzo elegían la ruta. No encontré hombre ni bestia y pude comprender con facilidad por qué las gentes evitaban aquella tierra inhóspita.

A partir de entonces, el viaje fue tan difícil como pocos hombres han experimentado. Día tras día, avanzábamos lentamente. Ya no teníamos agua ni comida. El calor del sol era despiadado. Al final del noveno día, resbalé de mi montura con el sentimiento de que era demasiado débil para volver a montarla y que con toda seguridad moriría en aquel país deshabitado. Me tendí en el suelo y dormí. Solo me desperté con las primeras luces del alba.

Me senté y miré a mi alrededor; había un nuevo frescor en el aire de la mañana; mis camellos estaban tumbados cerca de allí, ante mí se extendía un vasto país cubierto de rocas y arena. Nada indicaba que hubiera algo que pudieran beber o comer un hombre o unos camellos.

¿Debería enfrentarme con mi fin en aquella tranquila paz? Mi mente estaba más clara de lo que había estado nunca. Mi cuerpo parecía no tener ya importancia. Con los labios resecos y sangrantes, la lengua áspera e inflada y el estómago vacío ya no sentía el molesto dolor del día anterior.

Medía la inmensidad descorazonadora del desierto y una vez más me pregunté: ¿tengo alma de hombre libre o de esclavo? Y entonces, con la rapidez del rayo comprendí que, si tenía alma de esclavo, me tumbaría en la arena y moriría, un final digno de un esclavo fugitivo.

Pero, si tenía alma de hombre libre, ¿qué haría? Debería encontrar el camino hacia Babilonia, devolver el dinero a los que habían confiado en mí, hacer feliz a mi mujer, que me amaba de verdad, y darles paz y satisfacción a mis padres.

—Tus deudas son tus enemigos y te han hecho huir de Babilonia, –me había dicho Sira–. Sí, era cierto.

—¿Por qué no me había mantenido firme como un hombre? ¿Por qué había permitido que mi mujer volviera con su padre?

Entonces algo extraño ocurrió. El mundo entero me pareció ser de un color diferente, como si hasta ese momento lo hubiera visto a través de una piedra coloreada que de repente había desparecido. Por fin, comprendí cuáles eran los verdaderos valores de la vida.

¡Morir en el desierto! ¡Jamás! Gracias a una nueva visión, se me aparecieron todas las cosas que tenía que hacer. Primero, volvería a Babilonia y les daría la cara a todos con los que había contraído deudas. Les diría que, tras años de errar y de desgracias, había vuelto para pagar mis deudas tan rápido como me lo permitieran los dioses. Después, construiría un hogar para mi mujer y me convertiría en un ciudadano del que mis padres estarían orgullosos.

Mis deudas son mis enemigos, pero los hombres que me prestaron dinero son mis amigos, pues tuvieron confianza y creyeron en mí.

Me tambaleaba sobre mis piernas debilitadas. ¿Qué importaban en ese momento el hambre y la sed? Solo eran obstáculos en el camino hacia Babilonia. Surgía en mí el alma de un hombre nuevo que conquistaría a sus enemigos y recompensaría a sus amigos. Me estremecí ante la idea de ese gran proyecto.

Los vidriosos ojos de los camellos se iluminaron de nuevo al oír mi voz ronca. Se levantaron con gran esfuerzo, después de varios intentos. Con una conmovedora perseverancia se dirigieron hacia el Norte, donde algo me decía que encontraríamos Babilonia.

Hallamos agua, atravesamos un país fértil donde crecían la hierba y los frutales. Encontramos el camino de Babilonia porque el alma de un hombre libre mira la vida como una serie de problemas que resolver y los resuelve, mientras que el alma de un esclavo gimotea: "¿Qué puedo hacer yo, que solo soy un esclavo?"

¿Y a ti, Tarkad? ¿Tu estómago vacío hace que tu mente sea más clara? ¿Ya has tomado el camino que lleva hacia el respeto por ti mismo? ¿Ves el mundo de su verdadero color? ¿Deseas pagar tus deudas sean las que sean y convertirte en un hombre respetado en Babilonia?

Las lágrimas acudieron a los ojos del joven, que se arrodilló sin tardar.

—Me has mostrado el camino; ahora sé cómo encontrar en mi interior el alma del hombre libre.

—¿Pero qué pasó cuando regresaste? —preguntó un oyente interesado.

—*Cuando estás decidido, encuentras los medios* –respondió Dabasir–. Yo estaba decidido, por eso me puse en camino para encontrar los medios. Primero, visité a todos los hombres con los que tenía una deuda y les supliqué que fueran comprensivos hasta que yo ganara el dinero con el que les pagaría. La mayoría me acogió con alegría; algunos me insultaron, pero otros me ofrecieron su ayuda. Uno de ellos me dio justo la ayuda que necesitaba; fue Maton, el prestamista de oro.

Al saber que había sido camellero en Siria, él me envió a ver al viejo Nebatur, el tratante de camellos al que nuestro buen rey le había encargado que comprara varias manadas de camellos porque haría una gran expedición. Con él puse en práctica mis conocimientos sobre camellos y poco a poco fui devolviendo cada moneda de cobre o plata que debía. De manera que, al final, pude caminar con la cabeza bien alta y sentir que era un hombre honorable entre las gentes.

Dabasir se inclinó de nuevo sobre su comida.

—¡Eh, Kausbor, caracol! –Dijo gritando lo suficiente como para que lo oyeran en la cocina–, la comida está fría. Tráeme más carne recién asada. Dale también un buen trozo a Tarkad, el hijo de mi viejo amigo, tiene hambre y comerá conmigo.

Así terminó la historia de Dabasir, el tratante de camellos de la antigua Babilonia. Él encontró su camino cuando entendió una gran verdad que ya habían descubierto y aplicado hombres sabios desde mucho antes de esa época. Esta verdad había ayudado a muchos a superar las dificultades y a llegar al éxito, y seguirá ayudándoles a todos los que comprendan su fuerza mágica. Cualquiera que lea estas líneas, la poseerá:

CUANDO ESTÁS DECIDIDO, ENCUENTRAS LOS MEDIOS

10
LAS TABLILLAS DE BARRO DE BABILONIA

21 de octubre de 1934
St. Swithin's College
Nottingan University
Newark-on-Trent
Nottingham

Profesor Franklin Caldwell
Expedición Científica Británica
Hillah, Mesopotamia

Querido profesor:

Las cinco tablillas de barro que usted desenterró durante sus recientes excavaciones en la ruinas de Babilonia llegaron en el mismo barco que su carta. Me fascinaron y he pasado numerosas y agradables horas traduciendo sus inscripciones. Tendría que haber contestado su carta con más celeridad, pero esperé hasta terminar de revisar las transcripciones adjuntas.

Las tablillas llegaron a su destino sin daño gracias al excelente embalaje y al uso juicioso de sistemas de conservación.

Quedará tan asombrado, como nosotros los del laboratorio, de la historia que relatan. Uno espera que un pasado tan lejano y oscuro esté lleno de romance y aventura, ya sabe, algo así como *Las mil y una noches*. Y luego, se da cuenta de que los problemas del mundo antiguo, de hace cinco mil años, no son tan diferentes de los de ahora, como constatará con la lectura de estos textos que cuentan las dificultades que encontró para pagar sus deudas un personaje llamado Dabasir.

¿Sabe? Es curioso, pero, como dicen mis estudiantes, estas viejas inscripciones me cogen fuera de base. Como profesor universitario, se supone que soy una persona analítica que tiene conocimientos sobre la mayoría de los temas. Y ahora llega un individuo salido de las polvorientas ruinas de Babilonia que nos da un método del que nunca había oído hablar sobre cómo pagar las deudas al tiempo que uno consigue más dinero para su cartera.

Debo decir que esta es una idea que me gusta y sería interesante probar si funciona igual de bien en nuestros días que en los de la antigua Babilonia. Mi mujer y yo proyectamos aplicarla a las cuestiones económicas que, en nuestro caso, necesitan evidentes mejoras.

Le deseo la mejor de las suertes en su valerosa empresa y espero con impaciencia una nueva ocasión de ayudarlo.

Suyo afectísimo,
Alfred H. Shrewsbury
Departamento de Arqueología

TABLILLA N° 1

Esta noche de luna llena, yo, Dabasir, que acabo de salir de la esclavitud en Siria y estoy decidido a pagar todas mis deudas y convertirme en un hombre rico y digno del respeto en mi ciudad natal de Babilonia, grabo en barro este informe permanente de mis negocios para que me guíe y me ayude a cumplir mis mayores deseos.

Siguiendo el consejo de mi sabio amigo Maton, el prestamista de oro, me he decidido a seguir el plan preciso que, por lo visto, les permite a los hombres honorables liberarse de sus deudas y vivir en la riqueza y sintiendo respeto de sí mismos.

Este plan incluye tres objetivos que son mi esperanza y mi deseo. Primero, me permitirá gozar de una cierta prosperidad. Así, apartaré la décima parte de lo que gane y ese será un bien que conservaré. Maton habla sabiamente cuando dice:

"El hombre que guarda en su bolsa el oro que no necesita gastar es bueno para con su familia y leal a su rey.

El hombre que solo tiene unas cuantas monedas de cobre en su bolsa es insensible respecto a su familia y a su rey.

Pero el hombre que no tiene nada en sus bolsillos es cruel con su familia y desleal a su rey, pues su corazón es amargo.

El hombre que desea triunfar debe tener en su bolsa dinero para poderlo hacer tintinear; y en su corazón, amor para su familia y lealtad para con su rey".

En segundo lugar, el plan prevé que cubra mis necesidades y las de mi mujer, que ha vuelto lealmente conmigo de casa de su padre, ya que Maton dice que, quien cuida de fiel esposa, tiene el corazón lleno de respeto a sí mismo y gana fuerza y determinación para realizar sus proyectos.

De manera que usaré siete décimos de lo que gane en comprar una casa, ropas, comida, y una suma que dedicaremos a otros gastos para que nuestras vidas no estén exentas de placeres y satisfacciones.

Pero Maton me ha recomendado que cuide de no gastar en estos honorables conceptos más que los siete décimos de lo que gano. El éxito del plan reposa en esta recomendación; hemos de vivir con esa porción y nunca tomar, ni comprar más de lo que podamos pagar con ella.

TABLILLA N° 2

En tercer lugar, el plan prevé que pague mis deudas con lo que gane. Cada luna, las dos décimas partes de mis ganancias serán divididas justa y honorablemente entre todos los que, habiendo confiado en mí, me han prestado dinero y así llegará el momento en que todas mis deudas serán liquidadas.

Para dar fe de ello, grabo aquí el nombre de todos los hombres con los que estoy en deuda y la cantidad justa de lo que les debo:

Fahru, el tejedor, 2 monedas de plata, 6 de cobre.

Sinjar, el fabricante de colchones, 1 moneda de plata.

Ahmar, mi amigo, 3 monedas de plata, 1 de cobre.

Zankar, mi amigo, 4 monedas de plata, 7 de cobre.

Askamir, mi amigo, 1 moneda de plata, 3 de cobre.

Harinsir, el joyero, 6 monedas de plata, 2 de cobre.

Diebeker, amigo de mi padre, 4 monedas de plata, 1 de cobre.

Alkahad, el dueño de la casa, 14 monedas de plata.

Maton, el prestamista de oro, 9 monedas de plata.

Birejik, el agricultor, 1 moneda de plata, 7 de cobre.

(A partir de aquí, la placa está gastada, el texto es indescifrable.)

TABLILLA N° 3

Les debo a todos estos acreedores la suma de ciento diecinueve monedas de plata y ciento cuarenta y una de cobre. Como debía estas sumas y no veía manera alguna de pagarlas, en mi locura, permití que mi mujer volviera a la casa de su padre y abandoné mi ciudad natal buscando en otro lugar un bienestar fácil, para solo encontrar el desastre y ser vendido vergonzosamente como esclavo.

Ahora que Maton me ha enseñado cómo ir pagando mis deudas en pequeñas cantidades que tomaré de lo que gane, comprendo hasta qué punto estaba loco cuando escapé de las consecuencias de mis extravagancias.

He visitado a mis acreedores y les he explicado que no tenía recursos para pagarles, salvo mi capacidad de trabajar; les dije que tengo la intención de dedicar dos décimas partes de lo que gane para liquidar mis deudas de modo justo y honorable. También les dije que no puedo pagar más que eso y que, si son pacientes, llegará un día en que habré cumplido enteramente las obligaciones contraídas.

Ahmar, a quien creía mi mejor amigo, me insultó duramente y me fui de su casa humillado.

Birejik, el agricultor, pidió ser el primero en cobrar, pues tenía gran necesidad de ayuda.

Alkahad, el propietario de la casa, me advirtió que, si no arreglaba mi cuenta con él bien pronto, me causaría problemas.

Todos los demás aceptaron gustosos mi proposición y ahora estoy más decidido que nunca a pagar mis justas deudas, pues me he convencido de que es más fácil pagarlas que evitarlas. Trataré con imparcialidad a todos mis acreedores aunque no pueda satisfacer las necesidades y demandas de algunos de ellos.

TABLILLA N.º 4

Vuelve a ser luna llena. He trabajado duro y con la mente liberada. Mi buena esposa me ha apoyado en el proyecto de pagarles a mis acreedores. Gracias a nuestra sabia determinación, durante la pasada luna he ganado la suma de diecinueve monedas de plata comprando unos robustos camellos para Nebatur.

Las he repartido según el plan: guardé una décima parte para ahorrarla, compartí siete décimos con mi buena esposa para nuestras necesidades y dividí las dos décimas partes restantes entre mis acreedores de manera tan ecuánime como pude en monedas de cobre.

No he visto a Ahmar, pero le di las monedas de cobre a su mujer. Birejik estaba tan contento que me habría besado la mano. Tan solo el viejo Alkahad gruñó y me dijo que debía pagarle más rápido, a lo que repliqué que solo podría pagarle si estaba bien alimentado y tranquilo. Todos los demás me dieron las gracias y elogiaron mis esfuerzos.

De este modo, he reducido mi deuda en cuatro monedas de plata en una luna y ahora poseo casi dos monedas más, que nadie puede reclamarme. Me siento más ligero de lo que había estado en mucho tiempo.

La luna llena brilla una vez más. He trabajado duro, pero con escasos resultados. Solo he podido comprar unos pocos camellos y he ganado once monedas de plata. Sin embargo, mi mujer y yo nos hemos atenido al plan, aunque no nos hayamos comprado nuevos vestidos y solo hayamos comido un poco de sémola.

He vuelto a guardar la décima parte y hemos vivido con las siete décimas. Me sorprendí cuando Ahmar elogió mi pago aunque fuera pequeño, lo mismo que Birejik. Alkahad se enfadó, pero, cuando le dije que me devolviera su parte si no la quería, la aceptó. Los demás se mostraron contentos, como antes.

Vuelve a brillar la luna llena y mi alegría es grande. Descubrí una buena manada de camellos y compré algunos robustos; mis ganancias han sido de cuarenta y dos monedas de plata. Esta luna, mi mujer y yo nos hemos comprado sandalias y ropas que necesitábamos ya hace tiempo. También hemos comido carne y aves.

Les pagamos más de ocho monedas de plata a nuestros acreedores y ni Alkahad protestó.

El plan es formidable, nos libera de las deudas y nos permite amasar un tesoro que es solo nuestro.

Ya hace tres lunas que empecé a grabar esta tablilla; en cada una de ellas, me he quedado con una décima parte de lo que gané; mi buena esposa y yo hemos vivido con las siete décimas partes, incluso cuando resultaba difícil; cada luna, he pagado a mis acreedores las dos décimas partes.

Ahora, guardo en mi bolsa veintiuna monedas de plata que son mías. Eso me permite andar con la cabeza alta y caminar con orgullo junto a mis amigos. Mi mujer puede cuidar bien de la casa y va bien vestida. Somos felices de vivir juntos.

Este plan tiene un inmenso valor. ¿Acaso no ha hecho de un antiguo esclavo un hombre honorable?

TABLILLA N° 5

Brilla de nuevo la luna llena y recuerdo que ya hace mucho tiempo que grabé mi primera tablilla. Ya hace doce lunas. Pero no por eso desatenderé el informe, ya que hoy mismo he pagado mi última deuda.

Hoy es el día en que mi buena esposa y yo festejamos el triunfo que nos ha proporcionado nuestra determinación.

Durante mi última visita a mis acreedores ocurrieron algunas cosas de las que me acordaré durante mucho tiempo. Ahmar me suplicó que perdonara sus feas palabras y me dijo que, entre todas sus amistades, deseaba especialmente la mía.

Al final, el viejo Alkahad no es tan malo pues me dijo: "Antes eras como un trozo de barro blando que podía ser apretado y moldeado por cualquier mano, pero ahora eres como una moneda de cobre que se puede sostener sobre su canto. Si necesitas plata u oro, ven a verme en cualquier momento".

Él no es el único que me respeta; muchos otros me hablan con deferencia. Mi buena mujer me mira con aquel brillo en los ojos que hace que un hombre se sienta confiado. Pero fue el plan el que me dio el éxito, me hizo capaz de devolver el dinero de mis deudas y ha hecho tintinear el oro y la plata en mi bolsa. Lo recomiendo a los que quieran prosperar, pues, si logró que un esclavo pagara sus deudas, ¿no ayudará a un hombre a encontrar su libertad? Y yo no lo he abandonado pues estoy convencido de que, si lo sigo, me hará un hombre rico entre las gentes.

7 de noviembre de 1936
St. Swithin's College
Nottingan University
Newark-on-Trent
Nottingham

Sr. Profesor Franklin Caldwell
Expedición Científica Británica
Hillah, Mesopotamia

Querido profesor:

Si en el transcurso de sus próximas excavaciones en las ruinas de Babilonia encuentra el fantasma de un viejo ciudadano, un tratante de camellos llamado Dabasir, hágame un favor: dígale que aquellos galimatías que escribió en unas tablillas de barro hace ya mucho tiempo le han valido la gratitud eterna de ciertas personas de una facultad de Inglaterra.

Seguramente se acordará Ud. de mi carta de hace un año en la que le decía que mi mujer y yo teníamos la intención de seguir su plan para liberarnos de nuestras deudas y, al mismo tiempo, tener algo de dinero en nuestros bolsillos. Habrá adivinado que estas deudas nos avergonzaban por mucho que intentáramos esconderlas desesperadamente a nuestros amigos.

Desde hacía años, nos sentíamos muy humillados por ciertas deudas y vivíamos intranquilos hasta la enfermedad por miedo a que algún comerciante desatara un escándalo que nos habría obligado a dejar la facultad con toda seguridad. Gastábamos cada chelín de nuestros ingresos, que era apenas suficiente para mantenernos a flote. Nos veíamos obligados a ir a comprar allí donde nos dieran crédito, sin importarnos si los precios eran más elevados.

Nuestra situación fue empeorando en un círculo vicioso que se agravó en vez de mejorar. Nuestros esfuerzos se hicieron desesperados y no podíamos mudarnos a un sitio más barato porque aún le debíamos alquileres al propietario. Parecía que no podríamos hacer nada para mejorar nuestra situación.

Entonces, apareció su nuevo amigo, el viejo tratante de camellos de Babilonia, con un plan capaz de realizar justo lo que nosotros deseábamos cumplir. Con mucha amabilidad, él nos animó a seguir su sistema. Hicimos una lista de todas las deudas que teníamos y yo se la mostré a todos nuestros acreedores.

Les expliqué que, tal como iban las cosas, era imposible pagarles. Ellos mismos podían constatarlo mirando los números. Luego, les dije que la única manera que yo veía de pagarles todo era apartando el veinte por ciento de mis ingresos mensuales, dividiéndolo equitativamente entre ellos y de este modo les devolvería lo que les debía en algo más de dos años. Durante este intervalo, haríamos todas nuestras compras al contado.

Todos fueron muy correctos; nuestro tendero, un viejo razonable, aceptó esta manera de pagarle la deuda.

—Si pagan al contado todo lo que compran y me van pagando lo que deben poco a poco, es mejor que si no me pagan nada.

No le pagábamos desde hacía tres años. Finalmente, guardé en lugar seguro una lista con sus nombres y una carta en la que, de mutuo acuerdo, les pedía a todos que no nos importunaran mientras fuéramos desembolsando el veinte por ciento de nuestros ingresos.

Comenzamos a trazar planes para idear cómo vivir con el setenta por ciento de lo que ganábamos. Y estábamos decididos a ahorrar el diez por ciento restante para hacerlo tintinear en nuestros bolsas; la idea de la plata, y posiblemente la del oro, eran de las más seductoras.

Este cambio en nuestra vida fue toda una aventura. Aprendimos a disfrutar calculando y evaluando cómo vivir cómodos con el setenta por ciento que nos quedaba. Empezamos por el alquiler y nos las arreglamos para obtener una buena reducción. Después, examinamos nuestras marcas favoritas de té y otros productos y quedamos sorprendidos al ver que podíamos encontrar mejor calidad a más bajo precio.

Es demasiado largo para contarlo por carta pero, de todos modos, no ha resultado ser tan difícil. Nos acomodamos a esta nueva situación con el mejor de los humores. ¡Qué alivio fue comprobar que nuestros asuntos económicos ya no se encontraban en un estado que nos hiciera sufrir por las viejas cuentas no pagadas!

No obstante, no olvidaré hablarle del diez por ciento que estábamos obligados a hacer sonar en nuestras bolsas. Pues bien, solo lo hicimos sonar durante un cierto tiempo, no demasiado. ¿Sabe? Esa es la parte divertida, es fantástico comenzar a acumular dinero que uno no quiere gastar, se siente más placer guardando esa cantidad, que gastándola.

Después de haberla hecho sonar para nuestro solaz, le encontramos una utilidad más provechosa: elegimos un plan de inversiones que podíamos pagar con este diez por ciento todos los meses. Esta decisión se ha manifestado como la más satisfactoria de nuestra regeneración financiera y es la primera cosa que pagamos con mi nómina.

Saber que nuestros ahorros crecen sin cesar es un sentimiento de lo más satisfactorio. De aquí hasta que se acabe mi carrera académica, estos ahorros deberán constituir una suma suficiente para que sus rentas nos basten a partir de ese momento.

¡Y todo con el mismo salario! Difícil de creer pero cierto, pagamos nuestras deudas gradualmente al mismo tiempo que nuestros ahorros aumentan. Además, ahora nos las arreglamos mejor que antes en el campo económico. ¿Quién hubiera dicho que había tanta diferencia entre seguir un plan y dejarse llevar?

A finales del año que viene, cuando hayamos pagado todas nuestras facturas, podremos invertir más y ahorrar para poder viajar. Estamos decididos a que nuestros gastos corrientes no superen el setenta por ciento de nuestros ingresos.

Ahora podrá Ud. entender por qué nos gustaría expresarle nuestro agradecimiento personal a ese individuo cuyo plan nos ha salvado de ese infierno en la tierra. Él lo conocía, había pasado por todo eso y quería que otros sacaran provecho de sus amargas experiencias. Por ello, pasó fastidiosas horas grabando su mensaje en la arcilla. Tenía un mensaje auténtico para darles a sus compañeros de sufrimientos, un mensaje tan importante que, al cabo de cinco mil años, ha salido de las ruinas de Babilonia tan vivo y verdadero como el día en que fue enterrado.

Suyo afectísimo,
Alfred H. Shrewsbury
Departamento de Arqueología

11
EL BABILONIO MÁS FAVORECIDO POR LA SUERTE

Sharru Nada, el príncipe mercader de Babilonia, avanzaba orgulloso a la cabeza de su caravana. Le gustaban los tejidos finos y llevaba ropas caras y favorecedoras. Amaba los animales de raza y montaba con agilidad en su semental árabe. Era difícil adivinar su avanzada edad al mirarlo. Ciertamente, nadie habría sospechado que, muy en su interior, se sentía atormentado.

El viaje a Damasco había sido largo y las dificultades fueron numerosas, pero eso a él no le preocupaba.

Las tribus árabes eran feroces y estaban ávidas de saquear sus ricas caravanas, pero él no tenía miedo porque sus muchas tropas de guardia le aseguraban buena protección.

Sin embargo, sí estaba trastornado por la presencia de aquel joven que traía a su lado desde Damasco. Era Hadan Gula, el nieto de su socio de hacía años, Arad Gula, a quien le debía su eterna gratitud. Quería hacer alguna cosa por su nieto, pero cuanto más pensaba en ello, más difícil le parecía lograrlo, y era justamente a causa del joven.

—Cree que las joyas son adecuadas para los hombres –pensaba mirándole los anillos y pendientes–; sin embargo, tiene el rostro enérgico de su abuelo, solo que él no llevaba ropas de colores tan llamativos. Lo he invitado a venir conmigo esperando poder ayudarle a hacer una fortuna y a huir del derroche con que su padre ha gastado su herencia.

Hadan Gula puso fin a sus reflexiones:

—¿Para qué trabajas tan duramente, siempre de un lado a otro con tu caravana haciendo largos viajes? ¿Nunca tomas un tiempo para gozar de la vida?

—¿Gozar de la vida? ¿Qué harías tú para gozar de la vida si fueras Sharru Nada?

—Si tuviera una fortuna como la tuya, viviría como un príncipe. Nunca atravesaría el desierto, gastaría los shekeles tan rápido como cayeran a mi bolsa, llevaría las ropas más caras y las joyas más raras. ¡Esa sí sería la vida de mi agrado, una vida que merecería la pena vivirla! –Los dos hombres rieron.

—¡Tu abuelo no llevaba joyas! –Sharru Nada había hablado sin pensar, luego continuó en tono de broma–. ¿Y no dejarías un tiempo para trabajar?

—El trabajo está hecho para los esclavos –respondió el joven.

Sharru Nada se mordió los labios, pero no respondió, sino que condujo en silencio hasta que el camino los llevó hasta una cuesta. Allí frenó su montura y señaló hacia el lejano valle verde:

—Mira el valle, mira más lejos y podrás ver las murallas de Babilonia. La torre es el templo de Bel. Si tu vista es aguda, verás incluso el humo del fuego eterno en lo más alto.

—¿A sí? ¿Aquello es Babilonia? Siempre he deseado ardientemente ver la ciudad más rica del mundo. Allí donde mi abuelo empezó a levantar su fortuna. Si todavía estuviera vivo, no estaríamos ahora tan oprimidos.

—¿Por qué deseas que su espíritu permanezca en la tierra más allá del tiempo que le correspondía? Tú y tu padre podrían culminar su trabajo.

—Por desgracia, ninguno de los dos tenemos sus dones. Mi padre y yo no conocemos el secreto para atraer los shekeles de oro.

Sharru Nada no respondió, pero aflojó las bridas de su montura y bajó pensativo por el sendero que llevaba al valle. La caravana los seguía envuelta en una nube roja de polvo. Más tarde, llegaron al camino real y tomando rumbo hacia el sur, atravesaron tierras irrigadas.

Tres viejos que trabajaban en un campo llamaron su atención. Le parecieron extrañamente familiares.

¡Qué ridículo! Nadie pasa cuarenta años más tarde por un campo y encuentra a los mismos labradores en ese mismo lugar. Sin embargo, algo le decía que eran los mismos. Uno de ellos sostenía débilmente el arado; los otros dos, al lado de los bueyes, se esforzaban pegándoles en vano para que continuaran avanzando.

Cuarenta años atrás, él había envidiado a esos hombres. ¡Qué gustoso hubiera cambiado con ellos de lugar! Pero ahora, ¡qué diferencia! Se volvió para mirar su caravana con orgullo, sus camellos y sus asnos bien elegidos y tan cargados de mercancías valiosas provenientes de Damasco. Todos aquellos bienes le pertenecían, menos uno.

Entonces, señaló a los labradores diciendo:

—¡Aran el mismo campo desde hace cuarenta años!

—Se deben parecer a los que tú dices. ¿Qué te hace pensar que sean los mismos?

—¡Ya los había visto aquí! –Respondió Sharru Nada.

Los recuerdos recorrieron rápidamente su pensamiento. ¿Por qué no podía vivir en el presente y enterrar el pasado? Vio entonces, como en una imagen, la cara sonriente de Arad Gula. La barrera entre él y aquel joven cínico que estaba a su lado cayó.

Pero ¿cómo podía ayudar a un joven soberbio con ideas de lujo y las manos cubiertas de joyas? Podía ofrecerles trabajo en abundancia a hombres dispuestos a trabajar, pero ninguno a los que consideran que el trabajo es indigno de ellos. Sin embargo, le debía a Arad Gula algo más concreto que un intento a medias.

Arad Gula y él nunca habían hecho las cosas de esta manera. Ellos estaban hechos de otra madera. De repente, se le ocurrió un plan. No sería fácil. Debía considerar a su familia e incluso su propio estatus. Sería cruel, haría daño. Pero como era un hombre de decisiones rápidas, abandonó sus objeciones y se determinó a actuar.

—¿Te gustaría saber cómo tu abuelo y yo formamos una sociedad que nos resultó tan provechosa?

—¿Por qué no solo me cuentas cómo conseguiste los shekeles de oro? Eso es lo único que necesito saber –replicó el joven.

—Comencemos por los hombres que están arando –continuó Sharru Nada ignorando su respuesta.

Yo no era más viejo que tú. Cuando la columna de hombres de la que yo formaba parte se acercaba a ellos, Megiddo, el agricultor, se burló de la manera en que labraban. Megiddo estaba encadenado a mi lado. Mira a esos tipos perezosos, protestó. El que aguanta el arado no hace fuerza para labrar profundamente, los otros no vigilan que los bueyes no salgan del surco, ¿cómo pueden esperar tener una buena cosecha si trabajan tan mal?

—¿Dijiste que Megiddo estaba encadenado a tu lado? —Preguntó Hadan Gula sorprendido.

—Sí, llevábamos un collar de bronce alrededor del cuello, una pesada cadena nos unía los unos a los otros. Cerca de él estaba Zabado, el ladrón de corderos que conocí en Harroun. En la punta, un hombre al que llamábamos Pirata porque no quería decir su nombre. Pensábamos que era marinero porque tenía tatuadas en el pecho unas serpientes enroscadas, a la manera de los hombres de mar. La columna estaba organizada de manera que avanzáramos de cuatro en cuatro.

—¿Tú ibas encadenado como un esclavo? —Le preguntó Hadan Gula incrédulo.

—¿Tu abuelo no te dijo que yo fui esclavo en un tiempo?

—Hablaba a menudo de ti, pero nunca hizo alusión a eso.

—Era un hombre al que podías confiarle tus más íntimos secretos. Tú también eres un hombre en el que se puede confiar, ¿verdad? —Sharru Nada miró al joven fijamente a los ojos.

—Puedes contar con mi silencio, pero estoy muy sorprendido. Cuéntame cómo llegaste a ser esclavo.

—Cualquiera puede encontrarse en esa situación. Una casa de juego y la cerveza de cebada me llevaron a la ruina. Pagué los delitos de mi hermano. Durante una pelea, él mató a su amigo y yo fui entregado a la viuda por mi desesperado padre para que mi hermano no fuera perseguido por la ley. Cuando mi padre no pudo conseguir dinero suficiente para liberarme, ella se enfadó y me vendió en el mercado de esclavos.

—¡Qué vergüenza y qué injusticia! Pero dime, ¿Cómo recuperaste tu libertad?

—Ya llegaremos a eso, pero todavía no. Continuemos la historia. Cuando pasamos ante ellos, los labradores se mofaron de nosotros. Uno de ellos se quitó el sombrero y nos saludó inclinándose: "Bienvenidos a Babilonia, invitados del rey. Los espera en las murallas de la ciudad, donde el banquete ya está servido, ladrillos de barro y sopa de cebollas" –gritó y todos rieron a mandíbula batiente.

Pirata se enfureció y les maldijo.

—"¿Qué quiere decir eso de que el rey nos espera en las murallas?", les pregunté.

—"Que en las murallas de la ciudad tendremos que llevar ladrillos hasta que se nos quiebre el espinazo, o tal vez nos peguen hasta la muerte antes de eso".

—"¿Quién quiere trabajar duramente? Esos labradores son listos y no se rompen la espalda, solo lo simulan", comentó Zabado.

—"No se puede prosperar siendo un gandul", protestó Megiddo. "Si labras una hectárea, habrás hecho una buena jornada de trabajo y da lo mismo si tu amo lo sabe o no. Pero si solo haces la mitad, eres un gandul. Yo no lo soy, me gusta trabajar y hacerlo bien pues el trabajo es el mejor amigo que he conocido. Me ha dado toda las cosas buenas que tengo: mi granja y mis vacas, mis cosechas, todo".

—"¿Y dónde están todas estas cosas ahora?" –Se burló Zabado. "Creo que es más provechoso ser inteligente y pasar desapercibido sin trabajar. Mírame a mí, cuando nos vendan, yo transportaré agua o haré alguna otra tarea fácil, mientras tú, que te gusta trabajar, te partirás el espinazo transportando ladrillos" –y rio estúpidamente.

—Esa noche me invadió el terror, no podía dormir. Me acerqué a la línea de guardia y cuando los otros se habían dormido, llamé la atención de Godoso, que hacía el primer turno. Era uno de esos tunantes árabes, una especie de canalla que creía que si te robaba, además te tenía que cortar el cuello.

"Dime, Godoso, le susurré, "¿nos venderán cuando lleguemos a las murallas de Babilonia?"

—"¿Para qué lo quieres saber?"

—"¿No lo entiendes? Soy joven y quiero vivir. No quiero ser hostigado, ni azotado hasta la muerte. ¿Tengo posibilidades de tener un buen amo?"

—"Voy a decirte algo", me susurró en respuesta. "Tú eres un buen tipo, no me das problemas. La mayoría de las veces somos los primeros en ir al mercado de esclavos. Escucha ahora: cuando vengan los compradores, diles que eres un buen trabajador, que te gusta trabajar duro y para un buen amo. Si no los animas a comprarte, al día siguiente estarás cargando ladrillos, un trabajo agotador".

—Después se alejó. Me tumbé en la arena caliente mirando las estrellas y pensando en el trabajo. Aquello que había dicho Megiddo de que el trabajo era su mejor amigo me hizo preguntarme si también sería el mío. Verdaderamente lo sería si me ayudaba a liberarme.

Cuando Megiddo se despertó, le susurré la buena noticia. Un brillo de esperanza nos acompañó de camino a Babilonia. A media tarde, nos íbamos acercando a las murallas y podíamos ver las filas de hombres parecidos a hormigas negras que escalaban por los escarpados senderos. Al aproximarnos, quedamos sorprendidos de ver a miles de hombres que trabajaban; algunos cavaban los fosos, otros transformaban la tierra en ladrillos de barro. La mayoría carreteaba ladrillos en grandes cestas por los empinados caminos hasta donde se encontraban los albañiles[1].

Los vigilantes insultaban a los rezagados y hacían chasquear los látigos en la espalda de los que se salían de la fila. Algunos pobres hombres agotados se tambaleaban y caían bajo las pesadas cestas, incapaces de levantarse. Si los latigazos no podían ponerlos de pie, los apartaban de las filas y los dejaban de lado. Pronto caerían cuesta abajo con los demás cuerpos de esclavos que esperaban junto al camino en una sepultura sin bendecir. Me estremecí mirando esa escena; aquello es lo que le esperaba al hijo de mi padre si no tenía éxito en el mercado de esclavos.

Godoso tenía razón. Atravesamos las puertas de la ciudad y nos dirigimos hacia la prisión de esclavos; a la mañana siguiente, nos condujeron al recinto del mercado. Allí, los demás esclavos se apretaban asustados los unos contra los otros y solo los látigos conseguían que se movieran para que los vieran los compradores. Megiddo y yo hablábamos animadamente con todos los hombres que nos lo permitían.

El vendedor de esclavos llamó a los soldados de la Guardia Real que encadenaron a Pirata y le pegaron brutalmente en cuanto protestó. Cuando se lo llevaron, sentí pena por él.

Megiddo presintió que pronto nos separaríamos y, cuando no teníamos compradores cerca, me hablaba con mucha seriedad para hacerme comprender hasta qué punto sería importante el trabajo en mi futuro:

—Algunos hombres lo detestan. Lo hacen su enemigo. Es mejor que lo trates como a un amigo, hacer que te quiera. No te preocupes si es duro. Cuando quieres construir una buena casa, no te importa si las vigas son pesadas o si el pozo del que sacas el agua para el yeso está lejos. Prométeme, muchacho, que, si tienes un amo, trabajarás para él tanto como puedas. No te inquietes si él no aprecia tu trabajo. Recuerda que el trabajo bien hecho le hace bien al que lo realiza, lo convierte en un hombre mejor.

—Aquí se paró porque un corpulento agricultor venía hacia la valla para mirarnos con interés. Megiddo le preguntó sobre su granja y sus cultivos, convenciéndolo de que le sería de gran utilidad.

Tras un violento regateo con el vendedor de esclavos, el granjero sacó una gran bolsa de oro de entre sus ropas y poco después Megiddo seguía a su nuevo amo y desaparecía.

Otros hombres fueron vendidos durante la mañana. A mediodía, Godoso me confió que el vendedor estaba ya harto y que no pasaría una noche más allí, sino que al atardecer llevaría el resto de esclavos al comprador del rey. Yo ya estaba desesperando de mi suerte cuando un hombre gordo y de aspecto amable se acercó al muro y preguntó si entre nosotros había algún pastelero.

— "¿Para qué un buen pastelero como usted necesita un pastelero de calidad inferior?" –Le dije acercándome–. "¿No sería más fácil enseñar a un hombre de buena voluntad como yo los secretos de su oficio? Mírame: soy joven, fuerte y me gusta trabajar. Deme una oportunidad y haré todo lo que pueda para llenar de oro su bolsa".

Quedó impresionado por mi buena voluntad y comenzó a regatear con el vendedor. Este nunca se había fijado en mí desde que me compró, pero ahora alababa con gran elocuencia mis virtudes, mi buena salud y mi buen carácter. Me sentí como un buey cebado que vendieran a un carnicero. Para mi gran alegría, al final se cerró el trato y me fui con mi nuevo amo pensando que era el hombre más afortunado de Babilonia.

Mi nueva casa era de mi agrado. Nana-naid, mi amo, me enseñó a moler la cebada en un cuenco de piedra del patio, a hacer un fuego en el horno y, finalmente, a moler muy fina la harina de sésamo para hacer los pasteles de miel. Yo dormía en el granero en que él guardaba el cereal. La vieja esclava, la criada Swasti, me alimentaba bien y estaba contenta de que le ayudara a hacer las tareas más difíciles.

Esa era la oportunidad de ser útil a mi amo que tanto había deseado y en ella esperaba encontrar una vía para ganar mi libertad.

Le pedí a Nana-naid que me enseñara a amasar y a cocer el pan, y lo hizo, contento por mi buena voluntad. Más tarde, cuando ya dominaba estas técnicas, le pedí que me mostrara cómo hacer los pasteles de miel y pronto hice toda la pastelería. Mi amo estaba contento de poder no hacer nada, pero Swasti sacudía la cabeza en signo de desaprobación. "No es bueno para ningún hombre estar sin trabajar", declaraba.

Pensé que era el momento de empezar a pensar en una manera de ganar las monedas para comprar mi libertad. Como acababa mi trabajo a mediodía, supuse que Nana-naid estaría de acuerdo en que buscara un empleo provechoso para las tardes, trabajo del que podríamos compartir los beneficios.

Después tuve una idea: ¿por qué no hacer más pasteles de miel y venderlos a los hombres hambrientos en las calles de la ciudad?

Presenté mi plan a Nana-naid de la siguiente manera: "Si una vez haya terminado la pastelería, puedo disponer de mis tardes para hacerle ganar más dinero, ¿no sería justo que compartiera parte de las ganancias conmigo? Así tendré un dinero propio para poder comprar las cosas que todo hombre desea y necesita".

—"Es bastante justo", admitió.

—Cuando le presenté mi plan para vender pasteles de miel, estuvo muy contento. "Mira lo que haremos", sugirió. "Los venderás a un céntimo el par; me devolverás la mitad de lo que ganes para pagar la harina, la miel y la leña necesaria para cocerlos. Yo me quedaré con la mitad del resto y la otra mitad será para ti".

—Yo estaba bien contento de aquella generosa oferta que consistía en darme la cuarta parte de mis ventas. Aquella noche, trabajé hasta tarde para fabricar una bandeja sobre la cual colocar los pasteles.

Nana-naid me dio uno de sus vestidos usados para que tuviera un aspecto decente y Swasti me ayudó a arreglarlo y lavarlo.

El día siguiente, hice una cantidad de más de pasteles de miel. Comencé a anunciar mi mercancía paseándome por la calle; los pasteles tenían aspecto de estar bien cocidos y ser apetitosos. Al principio, nadie parecía interesado y me desanimé, pero continué y cuando más tarde los hombres tuvieron hambre, empezaron a comprar y muy pronto la bandeja estaba vacía.

Nana-naid estaba muy contento de mi éxito y me pagó mi parte gustoso. Yo estaba encantado de tener algún dinero. Megiddo tenía razón cuando decía que el amo aprecia los trabajos de un buen esclavo. Aquella noche, estaba tan emocionado por mi éxito, que apenas pude dormir e intenté calcular cuánto podría ganar en un año y cuántos años necesitaría para comprar mi libertad.

Pronto encontré clientes regulares paseándome con la bandeja de pasteles. Uno de ellos no era otro que tu abuelo, Arad Gula. Era vendedor de alfombras y las vendía a las amas de casa. Iba de un extremo a otro de la ciudad acompañado de un burro cargado de alfombras y de un esclavo negro que lo cuidaba. Compraba dos pasteles para él y dos para su esclavo; siempre se entretenía a hablar conmigo mientras comía.

Tu abuelo me dijo una cosa que recordaré siempre: "Me gustan tus pasteles, muchacho, pero me gusta aún más el entusiasmo con que los vendes. Un espíritu así te puede llevar muy lejos en el camino del éxito".

¿Puedes comprender, Hadan Gula, lo que esas palabras de aliento significaron para un joven esclavo, solo en una gran ciudad, que luchaba contra sí mismo para encontrar una puerta de salida a su humillación?

A medida que los meses pasaban, iba engrosando mi bolsa, que empezaba a tener un peso reconfortante, colgada de mi cinturón. El trabajo se había convertido en mi mejor amigo, como había predicho Megiddo. Yo estaba feliz, pero Swasti se mostraba intranquila: "Temo por tu amo, pasa demasiado tiempo en las casas de juego", protestaba.

Un día, me invadió la felicidad al encontrar a mi amigo Megiddo en la calle. Llevaba tres asnos cargados de verduras al mercado. "Estoy muy bien, dijo, mi amo aprecia mi trabajo y ya soy capataz. Mira, me confía los productos que vende en el mercado e incluso ha reclamado a mi familia. El trabajo me ayuda a recuperarme de mi gran desgracia y algún día me ayudará también a comprar mi libertad y a volver a tener una granja".

Pasó el tiempo y cada día Nana-naid tenía más prisas por verme llegar después de mi venta. Esperaba mi vuelta, contaba impaciente el dinero y lo dividía. Me presionaba para que buscara nuevos clientes y aumentara mis ventas.

A menudo, iba más allá de las puertas de la ciudad para buscar a los vigilantes de los esclavos que construían las murallas. Detestaba ver aquellas escenas desagradables, pero encontraba que los vigilantes eran compradores generosos. Un día, vi sorprendido a Zabado que esperaba en fila para llenar de ladrillos su cesto. Estaba flaco y encorvado, y su espalda estaba llena de cicatrices y llagas producidas por los látigos de los vigilantes. Me dio pena y le di un pastel que aplastó contra su boca como un animal famélico. Viendo el ansia que se reflejaba en su mirada, corrí antes de que pudiera atrapar mi bandeja.

—"¿Por qué trabajas tan duramente?", me preguntó un día Arad Gula, casi la misma pregunta que tú me has hecho hoy, ¿te acuerdas? Le dije lo que me había contado Megiddo sobre el trabajo y cómo había resultado ser mi mejor amigo. Le enseñé con orgullo mi bolsa de monedas y le dije que ahorraba para comprar mi libertad.

—"¿Qué harás cuando seas libre?"

—"Tengo la intención de hacerme mercader".

—Entonces me confió algo que nunca había sospechado:

—¿Tú no sabes que yo también soy esclavo? ¡Soy socio de mi amo!

—Calla –ordenó Hadan Gula–, no escucharé mentiras difamatorias sobre mi abuelo. Él no era ningún esclavo. –Sus ojos brillaban de cólera.

—Lo honro por haberse elevado desde su desgracia y haberse convertido en un gran ciudadano de Damasco. ¿Y tú, su nieto, estás hecho de la misma madera? ¿Eres tan hombre como para hacerle frente a la realidad o prefieres vivir con falsas ilusiones?

—Todo el mundo amaba a mi abuelo, sus buenas acciones fueron incontables. ¿No fue él quien, cuando llegó el hambre, compró grano en Egipto y lo transportó en su caravana para distribuirlo entre la gente y que así no murieran de inanición? ¿Por qué dices que no era más que un despreciable esclavo de Babilonia?

—Si siempre hubiera sido un esclavo, tal vez habría sido despreciable, pero cuando, gracias a su esfuerzo se convirtió en un gran hombre de Damasco, seguro que los dioses le perdonaron sus desgracias y lo honraron con su respeto.

Tras decirme que era un esclavo me dijo hasta qué punto ansiaba recobrar su libertad. Ahora que poseía suficiente dinero para comprarla, estaba preocupado por lo que haría en el futuro. Ya no hacía buenas ventas como antes y temía el momento en que careciera del apoyo de su amo.

Me indigné por su indecisión. "No te ates más a tu amo. Encuentra de nuevo la alegría de ser un hombre libre. Actúa como tal y triunfa como tal. Decide qué es lo que quieres conseguir y el trabajo te ayudará a conseguirlo." Al oírme, continuó su camino diciéndome que estaba contento de que lo hubiera hecho avergonzarse por su cobardía.

Un día, fui fuera de las murallas y me extrañó ver allí un gran gentío. Cuando le pregunté a un hombre qué pasaba, me respondió:

—¿No lo has oído? Han llevado ante la justicia a un esclavo fugitivo que mató a un guardián y lo flagelarán hasta la muerte. Incluso el rey en persona estará presente.

—El gentío era tan numeroso cerca del poste de flagelación que temí acercarme más por miedo a que volcaran mi bandeja de pasteles de miel. Entonces, subí a la muralla inacabada para mirar por encima de las cabezas. Tuve la suerte de ver a Nabucodonosor en persona que avanzaba en su carro dorado. Jamás había visto una magnificencia tal, ni ropas semejantes, ni paños de tejido dorado guarnecidos de terciopelo como aquellos.

No pude ver la flagelación, pero oía los gritos desgarradores del pobre esclavo. Me pregunté cómo alguien tan noble como nuestro rey podía aceptar ver un sufrimiento tal; pero cuando vi que reía y bromeaba con sus nobles, supe que era cruel y entendí por qué imponían a los esclavos que construían las murallas aquellas inhumanas tareas.

Una vez muerto el esclavo, colgaron su cuerpo de una pierna en el poste para que todo el mundo lo viera. Cuando la muchedumbre comenzó a dispersarse, me acerqué a él y sobre su pecho reconocí el tatuaje de las dos serpientes abrazadas. Era Pirata.

La siguiente vez que volví a ver a Arad Gula, él era ya otro hombre. Me recibió lleno de entusiasmo:

—Mira al esclavo libre ¡Tus palabras fueron mágicas! Mis ventas y beneficios han aumentado, mi mujer está encantada. Ella era libre, la sobrina de mi amo, y desea ardientemente que nos mudemos a un pueblo donde nadie sepa que yo he sido esclavo. De esta manera, nuestros hijos estarán a salvo de todo reproche sobre la desgracia de su padre. El trabajo ha sido mi mejor ayuda, me ha hecho capaz de recuperar la confianza y la habilidad para vender.

Estaba encantado de haberlo podido ayudar aunque solo hubiera sido para devolverle los ánimos que él me había dado.

Una noche, Swasti vino a verme angustiada:

—Tu amo está en problemas. Tengo miedo por él. Hace unos meses perdió mucho dinero en el juego, ya no le paga al granjero la harina y la miel, ni tampoco le paga al prestamista y ahora están enfadados con él y lo amenazan.

—¿Por qué debemos preocuparnos por sus locuras? –Dije sin pensar–. No somos sus guardianes.

—¡Estás loco! ¡No comprendes nada! Ha dado tu título al prestamista como aval. Según la ley, él puede reclamarte y venderte. No sé qué hacer, es un buen amo. ¿Por qué se ha de abatir sobre él una desgracia así?

—Los temores de Swasti eran fundamentados. Mientras hacia los pasteles, el día siguiente por la mañana llegó el prestamista con un hombre que se llamaba Sasi. Ese hombre me miró y dijo que le parecía buen trato.

El prestamista no esperó a que llegara mi amo y le dijo a Swasti que le informara que me habían llevado. Con solo la ropa que tenía encima y mi bolsa fuertemente atada a mi cinturón, me obligaron a alejarme de los pasteles sin acabar. Me habían alejado de mis deseos más profundos como el huracán arranca el árbol del bosque y lo arroja en el tempestuoso mar. Una casa de juego y la cerveza de cebada me volvían a causar desgracias. Sasi era brusco, tosco. Mientras me conducía a través de la ciudad, le iba contando el buen trabajo que había hecho para Nana-naid y le decía que esperaba hacer lo mismo por él. Su respuesta no me dio ningún ánimo.

No me gustaba ese trabajo, ni tampoco a mi amo. El rey le ordenó que me enviara a construir una parte del Gran Canal. Mi amo me dijo que comprara más esclavos, que trabajara duro y que acabara rápidamente. ¿Cómo se puede acabar un trabajo tan enorme rápidamente?

Imagina el desierto sin árboles; tan solo pequeños arbustos y un sol tan ardiente que el agua de nuestros barriles se calentaba tanto que nos costaba poderla beber. Después, imagina filas de hombres que bajan a un profundo agujero y suben arrastrando pesados cestos llenos de tierra por senderos polvorientos, de sol a sol. Imagina la comida servida en abrevaderos que usábamos como cerdos. No teníamos tiendas ni paja para las camas. En esta situación me encontré. Enterré mi bolsa en un sitio marcado preguntándome si algún día saldría de allí.

Al principio, trabajaba con buena voluntad, pero a medida que los meses pasaban, sentía cómo se me quebraba el alma. Luego, la fiebre se apoderó de mi cuerpo contusionado. Perdí el apetito y apenas podía comer el cordero y las verduras que nos daban. Por la noche, daba vueltas en mi camastro sin poderme dormir.

En mi miseria, me preguntaba si no era mejor el plan de Zabado, holgazanear e intentar no partirse el espinazo trabajando. Entonces recordé la última vez que lo había visto y me di cuenta de que su plan no era bueno.

En mi amargura, pensé en Pirata y me pregunté si no era preferible luchar y matar. La memoria de su cuerpo ensangrentado me recordó que también su plan era inútil.

Entonces, me acordé de Megiddo; sus manos eran profundamente callosas a fuerza de trabajo, pero su corazón estaba ligero y en su rostro había felicidad. Su plan era el mejor.

Sin embargo, yo estaba tan dispuesto a trabajar como Megiddo; él no habría trabajado más duramente. ¿Por qué mi trabajo no me proporcionaba felicidad y éxito? ¿Era el trabajo lo que le había dado la felicidad y el éxito a Megiddo o estos eran bienes en manos de los dioses? ¿Trabajaría el resto de mi vida sin satisfacer mis deseos, sin éxito ni felicidad? Todas estas preguntas se agolpaban sin respuesta en mi mente. Estaba dolorosamente confuso.

Varios días más tarde, cuando ya me creía al límite de mis fuerzas y mis preguntas continuaban sin respuesta, Sasi me hizo buscar. Mi amo había hecho venir a un mensajero para llevarme a Babilonia. Cavé para recuperar mi precioso saquito, lo escondí entre mis harapos y partí.

Al marchar, aquellos mismos pensamientos siguieron pasando raudos por mi cerebro febril, como un huracán dando vueltas a mi alrededor. Me pareció vivir la extraña letra de una canción de Harroun, mi ciudad natal:

"Mira al hombre que como un torbellino

Se comporta como la tormenta,

Que en su carrera nadie puede seguir

Y su destino nadie puede predecir".

¿Era mi destino ser castigado por no sabía qué? ¿Qué miserias y decepciones me esperaban?

Imagina mi sorpresa cuando, al llegar al patio de la casa de mi amo, vi a Arad Gula que me esperaba. Me ayudó a entrar y me abrazó como a un hermano perdido hace tiempo. Por el camino le habría seguido como un esclavo sigue a su amo, pero no me lo permitió. Pasó su brazo por mis hombros y me dijo:

—Te busqué por todas partes. Cuando ya no tenía esperanzas, encontré a Swasti, quien me contó la historia del prestamista que me condujo hasta tu noble amo. Él ha negociado con dureza y me ha hecho pagar un precio desorbitado, pero tú lo vales. Tu filosofía y tu audacia han inspirado mi éxito actual.

—La filosofía de Megiddo, no la mía, –interrumpí.

—La de Megiddo y la tuya. Gracias a los dos, ahora vamos a Damasco, donde te necesito como socio. ¡Mira, dentro de un momento serás un hombre libre!

—Diciendo esto, sacó del interior de su ropa una tablilla de barro que era mi título. La levantó por encima de su cabeza y la tiró con fuerza contra el pavimento de piedra para romperla en mil pedazos. Pisó con alegría los añicos hasta que quedaron reducidos a polvo.

Mis ojos se llenaron de lágrimas de agradecimiento. Sabía que era el hombre más afortunado de Babilonia. ¿Ves? En el momento de mayor angustia, el trabajo resultó ser mi mejor amigo.

Mi buena voluntad de trabajar me permitió no tener que ir con los esclavos que construían las murallas e impresionó a tu abuelo hasta el punto de que me quisiera hacer su socio.

—¿Entonces, el trabajo era la clave secreta de los shekeles de oro de mi abuelo?

—Era la única clave que tenía cuando yo lo conocí. A tu abuelo le gustaba trabajar, los dioses apreciaron sus esfuerzos y lo recompensaron generosamente.

—Empiezo a entender. El trabajo atrajo a sus numerosos amigos que admiraban su perseverancia y el éxito que le proporcionaba. El trabajo le dio los honores que apreciaban tanto en Damasco. El trabajo le aportó todas esas cosas de la que he disfrutado. ¡Y yo creía que el trabajo era solo para los esclavos!

—La vida está llena de numerosos placeres de los que puede gozar el ser humano. Cada uno tiene su lugar. Estoy contento de que el trabajo no esté solo reservado a los esclavos. Si así fuera, me vería privado de mi mayor placer. Hay muchas cosas que me gustan, pero nada remplaza al trabajo.

Sharru Nada y Hadan Gula pasaron por la sombra de las elevadas murallas hacia las macizas puertas de bronce de Babilonia. A su llegada, los guardias de la puerta se pusieron firmes y saludaron respetuosamente al honorable ciudadano. Con la cabeza bien alta,

Sharru Nada condujo la larga caravana a través de las puertas y por las calles de la ciudad.

—Siempre he querido ser un gran hombre como mi abuelo. Nunca había entendido qué clase de hombre era. Tú me lo has hecho comprender. Ahora lo entiendo, lo admiro aún más y me siento más determinado a convertirme en un hombre como él. Temo no poderte pagar nunca por haberme dado la auténtica clave de tu éxito; a partir de hoy, la usaré. Empezaré humildemente, como él, y eso será más acorde con mi verdadera condición que las joyas y las bellas ropas que traigo puestas.

Y diciendo esto, Hadan Gula retiró los anillos de sus dedos y los pendientes de sus orejas. Aflojó las riendas de su caballo, retrocedió unos pasos y se colocó tras el jefe de la caravana con un profundo respeto.

PARTE

PRINCIPIOS PARA EL ÉXITO EN LOS NEGOCIOS DE EL HOMBRE MÁS RICO DE BABILONIA

Entre los libros dedicados al logro de la libertad financiera y a cómo generar riqueza pocos han influido tanto en los autores contemporáneos que han tratado el tema de las finanzas como lo ha hecho *El hombre más rico de Babilonia*. Autores como Robert Kiyosaki, Thomas Stanley, Brian Tracy, Pat Mesiti, Tony Robbins y muchos otros citan con frecuencia en sus libros los principios presentados por George Clason en su obra.

Quizás esto se deba a que *El hombre más rico de Babilonia* les ofrece a sus lectores, con un lenguaje ameno y sencillo, un plan financiero que muestra un camino a la riqueza basado en principios sólidos. Mucho antes de escribir su obra maestra, George Clason se había dedicado a redactar una serie de folletos informativos donde compartía los principios básicos del éxito financiero haciendo énfasis en la importancia de ser ahorrativo.

En esta segunda parte de esta edición de *El hombre más rico de Babilonia* encontrarás algunas ideas y aplicaciones prácticas que estos autores contemporáneos han compartido en sus propios libros reafirmando los principios presentados por George Clason casi un siglo antes. Sin duda, cada uno de estos aportes es un testimonio sobre como, a pesar del paso del tiempo, los principios fundamentales del éxito financiero siguen muy vigentes

PRINCIPIO 1

> SI QUEREMOS HACERNOS MÁS PRÓSPEROS, DEBEMOS APRENDER MÁS. CUANTOS MÁS CONOCIMIENTOS ADQUIRAMOS, MÁS DINERO GANAREMOS.

CONVIÉRTETE EN UN APRENDIZ DE POR VIDA

M.J. RYAN

Peter Drucker, el gran gurú de la gestión empresarial, advierte que, ahora que hemos aceptado el hecho de que el aprendizaje es un proceso que dura toda la vida, la tarea más urgente es enseñarle a la gente cómo aprender.

Desde que tenía 45 años, mi madre estuvo diciendo que ya estaba muy vieja para cambiar; ahora, tiene 85. De alguna manera, ella ha tenido el privilegio de conservar esa opinión, pues no ha tenido que mantenerse por sí misma. Sin embargo, aquellos de nosotros que estamos construyendo negocios y debemos salir a buscarnos la vida sabemos lo mucho que está cambiando el mundo y cómo debemos evolucionar para estar al día sin importar nuestra edad. Hace poco, leí que el estadounidense promedio habrá tenido nueve empleos a la edad de 32 años.

Entonces, ¿cuántos a la edad de 62?

En su libro *Innovación y emprendimiento*, Peter Drucker afirma que nos estamos moviendo hacia una sociedad empresarial donde la gente tiene que seguir aprendiendo cosas nuevas durante toda su vida y debe "asumir la responsabilidad de su aprendizaje, su propio desarrollo personal y su propia carrera".

¿Qué tipo de talentos y educación necesitaremos tú y yo? Como no sabemos lo que va a pasar el día de mañana, ¿cómo es posible prepararnos para lo que va a pasar dentro de dos décadas? ¿O dentro de cuatro? No podemos. Por eso, uno de los componentes clave de ser un maestro del cambio es convertirnos en aprendices de por vida, lo cual nos dará un mayor capacidad de enfrentar lo que sea que se atraviese en nuestro camino. De acuerdo con la profesora de sicología de la Universidad de Stanford, Carole Dweck, estas son cinco actitudes clave:

- Creer en tu capacidad de aprendizaje
- Confiar en que tus esfuerzos por aprender darán resultado
- Tener la voluntad de persistir
- Considerar los errores como oportunidades de aprendizaje
- Encontrar inspiración en el éxito de otros

Algunas de estas me parecen más fáciles que otras. No tengo ningún problema con las primeras tres, ni con la última. Todavía sigo trabajando en considerar los errores como oportunidades de aprendizaje. Sigue habiendo una voz perfeccionista en mi interior que entra en pánico cuando me doy cuenta de que he cometido un error, aunque ahora la voz es mucho más suave de lo que solía ser. Y aún tengo problemas buscando retroalimentación, pues temo que sea negativa. ¡Sigo trabajando en eso! Me he vuelto mucho mejor experimentando el malestar y sigo pidiendo pistas de todos modos.

Mirando la lista, ¿cómo te va convirtiéndote en un aprendiz de por vida? ¿Cuáles de estas actitudes te resultan fáciles? ¿Cuáles difíciles? Trata de descubrirlo sin apalearte. Eso solo interfiere con la actitud de aprendizaje, pues refuerza la creencia de que ya deberías saberlo todo. La capacidad de aprender es verdaderamente nuestro mejor talento en lo desconocido, ya que no importa lo que el futuro nos guarde, tenemos la llave de la adaptación exitosa. Ahora mismo, no podemos saber todo lo que vamos a necesitar saber, pues aún no conocemos qué es todo eso. Con todo, podemos confiar en que seremos capaces de aprenderlo cuando sea necesario.

Sigue haciendo cosas nuevas. Desafíate a ti mismo a seguir aprendiendo, haciendo cosas nuevas. no tiene que ser algo inmenso. Lee distintos tipos de libros, ve distintos tipos de películas, habla con nuevas personas, exponte a nuevas experiencias, aprende nuevas habilidades. pon en acción cambios de tu escogencia. Entre más cómodo te sientas con el cambio, más ágil te volverás.

M.J. Ryan: Autora galardonada de más de una docena de libros, varios de ellos bestseller de *The New York Times*. Su obra *Cómo afrontar los cambios inesperados* goza de gran popularidad en Latinoamérica. Se han impreso más de 1.75 millones copias de sus libros.

PRINCIPIO
2

> APRENDE A BUSCAR CONSEJOS DE GENTE COMPETENTE, A TRAVÉS DE SU PROPIA EXPERIENCIA, PARA PONERLOS EN PRÁCTICA EN TU VIDA Y DESPUÉS COMPARTIRLOS CON QUIENES REQUIERAN DE TU SABIDURÍA.

*SI QUIERES VOLAR CON LAS ÁGUILAS,
NO TE RODEES DE GALLINAS*

PAT MESITI

Para desarrollar una mentalidad de millonario vas a necesitar ayuda. (Supongo que ya lo sabes, ¡de lo contrario no estarías leyendo este libro!). Necesitas ejemplos a seguir en todas las áreas: profesión, negocios, carácter, familia, riqueza. Es decir, en todo lo que es importante. Un antiguo proverbio dice: "El que camina con sabios, sabio será".

Si quieres crecer y prosperar, entonces debes prestarles atención a tus relaciones. Debes tener contacto con gente que ya haya logrado lo que tú quieres lograr, que haya forjado caminos de prosperidad que tú quieras seguir. Las compañías nos edifican o nos destruyen.

El gran deportista olímpico, Bob Richards, dijo: "La grandeza te rodea, ¡recíbela con brazos abiertos! Es fácil ser grande cuando te rodeas de grandes personas". Mi padre solía decirme: "Dime con quién andas y te diré en quien te convertirás". ¿Quiénes son tus compañías? Si estás rodeado de personas negativas, quejumbrosas y de mentalidad estrecha, entonces llegarás a ser como ellas. Si te rodeas de personas positivas, que piensan en grande, y capaces, también llegarás a ser como ellas.

Lo cierto es que, querámoslo o no, terminamos por ser como aquellos con quienes nos asociamos.

Muchas de las lecciones que he aprendido acerca de las relaciones interpersonales han surgido de muy buenas experiencias que he tenido conociendo a otras personas. El Dr. Robb Thompson, de Chicago, ha sido un excelente mentor para mí en esta área. Con él he aprendido varias cosas sobre las relaciones.

Primera, mis más allegados determinarán el resultado de mi vida. Lo que conoces no es tan importante como a quién conoces. Las relaciones que aceptes determinarán las consecuencias y los resultados de tu vida. La segunda que he aprendido es que quienes no te edifican, terminan haciéndote decrecer. Debes elegir con cuidado a la gente que te rodean para que sirva para tu edificación. Mi amigo que me animó a comprar la corbata que yo quería por $100 dólares más, añadió algo positivo a mi vida. La tercera lección acerca de las relaciones es que lo que hagas posible para otros, los demás lo harán posible para ti.

En tus relaciones, nunca permitas que las personas agradables de hoy paguen por las que fueron molestas ayer. Por ejemplo, si alguien te engaña en un trato de negocios, quizá digas: "¡Nunca voy a volver a confiar en nadie! ¡No volveré a invertir en nada con nadie! ¡La gente siempre me defrauda!".

Así, si alguien honesto te presenta una oportunidad de inversión, o quiere compartir una posibilidad de negocio contigo, es muy probable que termines rechazándolo. Si sigues viviendo en los recuerdos dolorosos del pasado, tratarás con desprecio a esa persona amable. Esa es una receta para una relación desastrosa.

Hazte esta pregunta: ¿Con quiénes estoy pasando mi tiempo? ¿Hacia dónde me están llevando? ¿Qué me están proponiendo leer? ¿Qué pretenden hacerme creer? ¿Qué me hacen sentir? Nuestras relaciones son parte importante de la vida. Por eso es tan decisivo que las manejes muy bien.

Me gusta crear contactos productivos entre personas. Hace poco estuve hablando con un amigo acerca de alguien que acababa de conocer. "Bill, quisiera que separaras algo de tu tiempo para conocer a mi amigo Brian", le dije con mucho entusiasmo. "Es un hombre sobresaliente".

"Pat, ¿cómo sabes que es un hombre sobresaliente?", me preguntó Bill. "Solo pasaste 30 minutos con él durante un almuerzo".

"Lo sé por las personas con quienes se relaciona", respondí. "El que es recto, no tiene malas compañías".

Uno de los elementos más importantes en cuanto a aquellos con quienes compartes, es que cada relación incentiva en ti una fortaleza o una debilidad. Si pasas tiempo con gente que practica una mentalidad negativa y de pobreza, entonces huye de ahí. Debes pasar tiempo con quienes te ayuden a mejorar tus fortalezas. Rodéate de amigos que te ayuden a construir un imperio en tu mente.

En tus relaciones, nunca te preocupes por los problemas de otros, más de lo que ellos lo hagan. Muchas veces hay quienes se nos acercan queriendo que les resolvamos sus problemas, pero en realidad ellos mismos no se interesan mucho en lo que les aqueja. Es una tragedia que algunas personas estén rescatando todo el tiempo a otras para sentirse bien, pero a su vez desperdician su tiempo porque de hecho, a quienes ayudan no les importan mucho sus propias circunstancias. Si quieres crear prosperidad, trabaja con personas interesadas en sus problemas y que estén dispuestas a trabajar contigo.

En tu propia vida, lo que respetas se moverá hacia ti, y lo que irrespetes, se alejará de ti. Si tienes una buena relación con el dinero, y lo respetas, este vendrá a ti. Si respetas a quienes tienen influencia y honor, ellos se acercarán a ti. Si los irrespetas, ya sea a tu gobierno, o a tu empleador, entonces ellos se alejarán de ti. Tu asociación con los demás determinará tu nivel de prosperidad.

Todos necesitamos 3 tipos de relaciones:

1. Con personas a las que admiramos y seguimos, como mentores, entrenadores y modelos a seguir.
2. Con colegas con quienes compartimos nuestra vida y con quienes podemos hablar de temas profundos.
3. Con aquellos que nos siguen.

No se trata de niveles de superioridad o inferioridad, es simple cuestión del tipo de relaciones, y de cómo funcionan. Debemos adoptar nuestra filosofía de vida del primer grupo y no del tercero. A tus hijos no les pides consejos sobre crianza. Las personas a quienes admiras son importantes porque representan lo que quieres llegar a ser y aquello en lo que quieres convertirte. Muchos no tienen a nadie a quien admirar.

En mi vida, he tenido la fortuna de tener aportes personales de algunos de los mejores pensadores sobre prosperidad de nuestros tiempos. Personajes como Zig Ziglar, Robert Kiyosaki, Denis Waitley, Brian Tracy y Stephen Covey, por mencionar algunos. ¿Cómo te parece? Si te agrada la idea, entonces haz lo que yo hago. Súbelos a tu auto. Y si te gusta algo de lo que ellos dicen, ¡devuelve el audio y vuelve a escucharlo!

Cuando Mike Tyson estuvo bajo la dirección de su entrenador, Cus D'Amato, todo anduvo bien. Llegó a ser el campeón de peso pesado más joven del mundo. Cus D'Amato hizo 3 cosas por Mike Tyson: lo ayudo a encontrar un sentido de pertenencia al involucrarlo en su familia, lo llevó a creer en sí mismo y a llegar a ser alguien extraordinario. Pero todo comenzó a fallar cuando sus compañías de los niveles 2 y 3 (descritas anteriormente) comenzaron a definir más su estilo de vida y sus patrones de pensamiento.

¿Quién influye en tu manera de pensar? ¿A quiénes les permites que hablen a tu vida? ¿Quién es tu entrenador? ¿Quiénes son tus modelos a seguir? ¿A quiénes les permites que ejerzan influencia sobre tu manera de pensar? Debes buscar consejos de las personas adecuadas.

Comprende que si hablas con alguien que no escucha tus palabras, entonces no vale la pena que le dediques tiempo a esa conversación. A lo mejor hayas buscado escuchar palabras de sabiduría de parte de otras personas, pero si no las escuchas, ni sigues su consejo, ¿por qué habrías de ser digno de uno de sus mejores bienes, su tiempo?

Muchos reciben malos consejos de parte de la gente equivocada. Debes mirar bien cuál es tu fuente de consejos. Hay quienes los ofrecen cuando no se los ha pedido. Yo rara vez los doy cuando no me los piden. Si alguien busca un consejo de mi parte, eso indica que en algún grado está interesado en escuchar lo que yo tengo para decir. También soy cuidadoso de no darles consejos a personas con quienes no tengo ninguna relación. Una vez más, si tengo una relación con esa persona, entonces confío en que les prestará atención a mis recomendaciones. Sin embargo, si tuviera una relación contigo y me pidieras consejo, pero no lo sigues y las cosas no te salen bien, ¿por qué debería seguir aconsejándote?

Sigue consejos solo de aquellos que estén calificados para dártelos.

Una empresa de Inglaterra me pidió que hiciera una conferencia ante todo su personal de ventas durante la inauguración de sus operaciones en Australia. Como parte de su programa de recompensas habían llevado a todo su equipo a Australia. Gustoso, acepté la invitación. "¡Genial!", pensé. "Los británicos tienen un gran sentido del humor. ¡Voy a disfrutar de una noche muy interesante!". ¡Y así fue!

Esa noche, al terminar mi charla, un hombre se me acercó, me miró más bien con cierta condescendencia, y me dijo: "¿Me permite darle un consejo?". No me dio la oportunidad de responder, sino que prosiguió a dármelo: "Su estilo de oratoria no es algo a lo que los británicos estemos acostumbrados. Sugeriría que bajara un poco el tono la próxima vez que hable en uno de nuestros eventos".

Bueno, entiendo que haya a quienes no les guste mi estilo de oratoria. Eso está bien, no tiene que gustarles, pero ese es mi estilo y me siento muy cómodo con él. Entonces, le pregunté a este hombre: "¿Usted alguna vez ha hablado en público?".

"No", respondió.

¡Sin embargo, se consideraba un experto en oratoria! Él solo quería darme una crítica —constructiva, según él— y luego marcharse.

Lo curioso fue que yo no se la pedí. Este hombre buscó hacerme una crítica sin que yo se la pidiera.

Si has de disfrutar de una vida próspera, busca consejos de las personas indicadas. Si les sirves de mentor a otros, nunca ofrezcas consejos cuando no te los hayan pedido. La moraleja de la historia es esta: algunos tienen empresas crecientes, pero inclusive así su mentalidad es de pobreza. El propietario de esta empresa británica tenía un muy buen negocio. Estaba ganando $100.000 dólares al mes, pero tenía una mentalidad de pobreza.

Estoy convencido de que el éxito se aprende. Creo que todos estamos en capacidad de desarrollar una mentalidad de prosperidad. A menudo, me preguntan si en mi opinión los líderes nacen.

Yo creo que el liderazgo es un arte aprendido. El éxito se aprende. La prosperidad se aprende. Es por eso que necesitamos maestros, gente a nuestro alrededor que amplíe nuestra manera de pensar y nos anime a crecer. Uno de mis amigos más cercanos, un hombre que me ha ayudado mucho, es propietario de una de las más grandes franquicias de té y café de Australia. En mis momentos de dificultad, él suele decirme: "¡Párate firme, Pat! ¡Párate firme!".

Su ánimo y apoyo han sido muy importantes para mí en ciertos momentos. Personas como él son las que debes tener como amigos, alguien que te anime a pensar más en grande, que te desafíe a crecer y que crea en ti.

Siempre hay personas de quienes aprender. En su libro *Mentalidad millonaria* Thomas J. Stanley relata la historia del exitoso y muy respetado entrenador de fútbol americano universitario en los Estados Unidos, Paul Bryant. En un seminario para altos ejecutivos, Stanley le pidió a uno de los ex jugadores del entrenador Bryant que compartiera lo primero que él les dijo cuando llegaron a la universidad.

El jugador dijo que las primeras palabras del entrenador Bryant tomaron por sorpresa a todo el mundo: "¿Ya llamaron a sus amigos para agradecerles?". Luego prosiguió con esto: "Nadie nunca llega a este nivel sin la ayuda de otros. Llamen a sus amigos. Agradézcanles".

Tus amistades te edifican, te hacen quien eres. Como la gran estrella del atletismo de los Estados Unidos, Wilma Rudolph, dijo: "No importa cuán altas metas alcances, alguien te ayudó a lograrlas". No importa cuán exitoso seamos, siempre vamos a necesitar que otros nos ayuden a seguir progresando. Incluso Tiger Woods pasa tiempo a diario con un entrenador.

Cada nivel de éxito te llevará a mejores relaciones. Así que nunca pienses que "lo has logrado" y que ya no necesitas el apoyo ni la ayuda de quienes te rodean. No importa lo que hayas alcanzado ni cuán exitoso seas, siempre habrá otros allá afuera con algo para ofrecerte. Encuéntralos y sigue aprendiendo y creciendo.

Ahora, para alcanzar un nivel más elevado de relaciones a veces es necesario ampliar tu zona de comodidad. En ocasiones sentimos miedo de ascender de nivel porque hacerlo implica perder amigos y relaciones actuales. El hecho es que cada nuevo nivel de éxito siempre nos llevará a un nuevo nivel de relaciones y compañías.

Hace un tiempo, tuve el privilegio de conocer al Primer Ministro de Australia. Estaba asistiendo a una función con muchas otras personas, incluyendo a varios de mis amigos y conocidos. Cuando llegué, me enteré que la mesa que me habían asignado era la del Primer Ministro y algunos de sus invitados. Todos mis amigos estaban sentados en otra mesa y en otro salón.

Debo admitir que me sentí incómodo ante la idea de conocer al Primer Ministro. Estaba más cómodo entre mis amistades, pero debía entender que conocerlo a él, alguien que trabaja a un nivel más elevado de liderazgo, influencia y poder, era una oportunidad que necesitaba aprovechar. Sabía que tenía que extenderme más allá de mi zona de comodidad. Cuando decidí aprovecharla, resultó ser una experiencia muy gratificante.

> **Pat Mesiti**: Es uno de los autores y conferencistas en las áreas de la comunicación interpersonal y el liderazgo más conocidos mundialmente. Su misión de capacitar a equipos triunfadores la logra a través de grandes obras como su libro *La oportunidad toca a la puerta*.

PRINCIPIO 3

> LA PRIMERA MONEDA QUE AHORRES SERÁ LA SEMILLA QUE HARÁ CRECER EL ÁRBOL DE TU RIQUEZA. MIENTRAS MÁS PRONTO LA PLANTES, MÁS PRONTO CRECERÁ EL ÁRBOL.

EL OBJETIVO NO ES SER RICO POR UN TIEMPO, SINO DURANTE UN LARGO TIEMPO

TONY NEUMEYER

Entre las muchas estrategias para volverse millonario, una de las más importantes es el ahorro. Esto es a lo que George Clason se refiere cuando afirma: "Páguese a usted mismo primero. Páguese el 10% de todo lo que gane. Es muy importante que no gaste todo lo que gana. De hecho, es crucial que aprenda a ahorrar. Al pagarse a usted mismo primero, se volverá rico automáticamente".

Habrá escuchado decir que, si usted comenzara a ahorrar entre sus 20 y 30 años, podría llegar a su edad de retiro siendo un millonario. Esto es cierto, aunque no hay necesidad de tener esa edad para lograrlo. Observe la siguiente tabla que nos muestra cómo funciona el interés compuesto.

La siguiente tabla muestra el efecto que las diferentes tazas de interés ejercerán sobre la inversión inicial. Aunque es posible que usted no tenga $10.000 dólares para invertir en este momento, ese no es el propósito de esta tabla. Más bien observe cómo un retorno compuesto magnifica exponencialmente el resultado final. Observe la diferencia después de 25 años al 5% vs. 10% vs. 20%. Luego, observe que, cuando usted agrega cinco años más de interés compuesto, la diferencia es abismal.

# años	5%	6%	10%	11%	15%	20%
5	$12.834	$13.489	$16.453	$17.289	$21.072	$26.960
10	$16.470	$18.194	$27.070	$29.892	$44.402	$72.683
15	$21.137	$24.541	$44.539	$51.680	$93.563	$195.950
20	$27.126	$33.102	$73.281	$89.350	$197.155	$528.275
25	$34.813	$44.650	$120.569	$154.479	$415.441	$528.275
30	$44.677	$60.226	$198.374	$267.081	$875.410	$3.839.640

Como verá, los efectos del interés compuesto son bastante sorprendentes. Si usted está entre sus 20 y 30 años de edad, debería comenzar a ahorrar algo de dinero mensual: el 10% de todo lo que reciba. De hecho, su cuenta de ahorros debería ser la primera en recibir su depósito, tan pronto como usted reciba su sueldo. Si es posible, genere un sistema de débito automático que tome la cuota que decida ahorrar y se la transfiera directo a su cuenta de ahorros.

Sí, necesitamos encontrar maneras de recibir retornos que sean mayores que el interés simple que los bancos nos pagan. Usted debe convertirse en una persona competente cuando se trata de dinero porque necesita procurar entender, por lo menos, lo mínimo que se requiere para saber invertir. Nadie, y quiero decir, nadie, tiene mayor interés sobre cómo cuidar su dinero que usted mismo. Hasta los consejeros financieros con las mejores intenciones tendrán sus propios criterios y podrían entrar en conflicto con los objetivos e intereses que usted persiga. Es mejor conseguir asesoría financiera de fuentes independientes cuyas entradas no se deriven de la venta de acciones ni de inversiones. Sería importante que sus consejeros obtuvieran sus ingresos a base de brindar excelentes asesorías.

Sé que comencé la tabla al 5% y/o los bancos solo ofrecen una fracción de ese interés. Pero, como dije antes, es importante encontrar fuentes de mejores ingresos que los que ofrecen los bancos y la Bolsa de Valores. Se puede hacer, pero se requiere de esfuerzo. Es muy sorprendente ver como los números trabajan según sea la época de nuestra vida en que los apliquemos. Por ejemplo, si en este momento usted está entre sus 20 y 30 años de edad, ¡apresúrese! Comience hoy mismo y abra alguna clase de cuenta de ahorros o de inversiones en la que pueda hacer crecer su dinero a lo largo de los años y hasta su retiro, preferiblemente libre de impuestos. En palabras de Albert Einstein: "El interés compuesto es la octava maravilla del mundo. Quien lo entienda, lo disfrutará; quien no lo entienda, lo pagará". Cuando usted comienza a ahorrar su dinero, también comienzan a surgir oportunidades.

En cambio, si usted ya tiene 40, 50 o 60 años de edad, es posible que ya no tenga tanto tiempo para disfrutar del efecto del interés compuesto de alguna pequeña inversión mensual. Para alcanzar el bienestar que busca, necesitará depositar sumas más grandes de dinero cada mes o tomar mayores riesgos con su dinero. Si está pensando en tomar riesgos, recuerde hacerlo con mucho cuidado y analizando muy bien sus circunstancias personales. Yo he ganado millones especulando sobre "centavos" y sé que otros también han hecho lo mismo. Pero esos riesgos no son para la mayoría de la gente, ni tampoco invirtiendo todo el dinero. Construir un negocio es otra clase de riesgo, pero, por lo menos, usted tiene más control sobre lo que pase que si tuviera una empresa dedicada al mercado de valores.

Una manera fácil de sintetizar todo lo que acabo de decirle es reiterándole que: si usted es joven, comience hoy mismo a guardar tanto como le sea posible, pero asegúrese de que sea un mínimo del 10% de todo lo que reciba. Se hará rico automáticamente. Y si es mayor, también debería comenzar a ahorrar. Vaya adelantándose y comience desde ya a guardar dinero para su retiro, para contar en su futuro con una buena fortuna. Cuando la tenga, podrá sacarles ventaja a todas las oportunidades que se le presenten.

Para ser millonario y de verdad salir adelante usted debe hacer todo lo necesario para poner sus finanzas personales en orden tan pronto como le sea posible. No se meta en deudas, pague sus tarjetas de crédito mensualmente; existen unos principios fundamentales sobre los cuales vivir y sé muy bien que, cuando el mes es más extenso que el dinero que uno gana, la situación es muy difícil. Procure no ser de este tipo de personas de las que van por la vida pagando intereses.

Si ya está endeudado y en dificultades, busque la manera de consolidar sus deudas. Analice la posibilidad de cancelar aquellas por las cuales esté pagando intereses más altos haciendo un préstamo que pueda pagar mensualmente y a unos intereses más bajos. Hable con sus acreedores para ver si ellos le permitirían pagar sus deudas sin intereses o a un interés más bajo. A veces, los acreedores se alegran de recibir su capital puesto que, si usted se declarara en bancarrota, ellos se quedarían sin nada. Si habla con ellos, también pregúnteles si, además de recibirle el capital neto, le rebajan los intereses compuestos que a lo mejor usted accedió a pagar. Existen entidades dispuestas a ayudarle, pero asegúrese de que sean legítimas y no de aquellas que simplemente le cobran y no le solucionan nada.

Además, necesitará una forma de incrementar sus ingresos, ya sea a través de un segundo trabajo o empezando un negocio propio que pueda manejar a tiempo parcial desde su casa. Quizá su negocio crezca y le genere mucho dinero, como ocurrió en mi caso. Para empezarlo, no arriesgue mucho dinero; si puede, elija algo con bajos costos de inicio, pero con la habilidad de ganar el dinero suficiente como para cubrir sus gastos de sostenimiento mensuales. Así tendrá la oportunidad de salir adelante. Y aún bajo esas circunstancias, recuerde pagarse a sí mismo primero.

Como dije antes, es crucial que usted tenga un conocimiento básico sobre dinero y finanzas ya que no querrá que nadie tome ventaja de usted, ni que otras personas pretendan ser más inteligentes cuando en realidad lo único que tienen es solo un poco más de conocimiento que usted sobre determinado tema. Recuerde que el conocimiento es poder.

> **Tony Neumeyer** es un empresario profesional que ha alcanzado éxitos en numerosas áreas incluyendo la finca raíz, la nutrición, el mercado de valores y otras. También es el editor de *AmalgaTrader Magazine*, una revista digital para comerciantes e inversionistas. Tony decidió enseñar su filosofía acerca de todas estas estrategias que él utilizó y que continúa utilizando para alcanzar nuevos éxitos, seguro de que, quienes elijan implementarlas, también alcanzarán el éxito que tanto añoran.

PRINCIPIO 4

> LA SUERTE ESPERA Y LLEGA AL HOMBRE QUE APROVECHA LA OPORTUNIDAD. PARA ATRAER LA SUERTE, ES PRECISO APROVECHAR DE INMEDIATO LAS OCASIONES QUE SE PRESENTAN.

APRENDA A RECONOCER LAS OPORTUNIDADES
ORISON S. MARDEN

Existe un poder que permanece latente en todas partes, esperando al ojo observador que lo descubra. Hace poco leí que en 1948, Gene Autry estaba buscando una canción de Navidad que fuera tan popular como su canción de 1947, titulada, Here Comes Santa Claus (Aquí viene Santa Claus). Aparentemente, Autry necesitaba cuatro canciones, pero tenía solo tres. Para ese tiempo un joven compositor de Nueva York le envió la letra y la música de Rudolph the Red Nosed Reindeer (Rudolf el reno de la nariz roja). Autry consideró que la canción era un poco tonta, pero a su esposa le encantó. En la sesión de grabación final, él grabó la canción. Esa simple canción, la que Audry casi descarta, vendió dos millones y medio de copias solo ese año.

Desde entonces, Rudolph ha sido grabado por más de 400 artistas en casi todos los idiomas y ha vendido más de 100 millones de copias. Eso es lo que yo llamo estar del lado ganador. Él no lo vio, pero su esposa sí lo hizo. ¿No ocurre esto todos los días?

Para ilustrar lo que estoy diciendo sobre ver el lado ganador, observe esta historia sobre el inventor Thomas Edison, contada por su hijo. Cierto día, el laboratorio de Edison, junto con todos sus experimentos e investigaciones ardió en llamas. Su hijo Charles, intranquilo por el bienestar de su padre, se apresuró a su lado, preocupado de que su padre estuviera atribulado y acongojado porque toda su investigación, sus estudios y sus experimentos se hubieran desvanecido. "Rápido", dijo su padre, "¡ve y llama a tu madre!" Charles Edison se preguntó por qué habría de hacer eso. Cuando le preguntó la razón, el inventor dijo: "Dile que se apresure, ella no volverá a ver un incendio de esta magnitud". Pero ese no es el fin de la historia. Al día siguiente, mientras Edison caminaba entre las cenizas y los escombros, empezó a decir con gran entusiasmo, "¡Gracias a Dios, Gracias a Dios! El mundo nunca sabrá de todos mis errores y fracasos; se han quemado y han desaparecido para siempre".

¡Eso es ver el lado ganador!

Ahora bien, digamos que usted encuentra un desafío en su camino hacia el éxito, como ocurrió en el caso de Edison, y enfrenta rechazo, pérdida y una cuesta empinada. ¿Ve usted el lado ganador en el esfuerzo o simplemente ve el lado negativo del asunto? Todos los días, las oportunidades nos suplican, pero, como lo hemos mencionado antes, con frecuencia vienen disfrazadas. Nos corresponde a cada uno de nosotros reconocerlas como una oportunidad.

Imagine por un momento que alguien viene y le dice que usted tiene el potencial de iniciar su propio negocio, que puede ganar dinero en él, y le muestra cómo hacerlo. ¿Qué vendría a su mente? ¿La implicación del costo: el tiempo, el esfuerzo, el trabajo duro adicional, los sacrificios, etc.? O ¿se dejaría motivar por el lado ganador: ingresos adicionales, amistades y crecimiento personal?

Haga lo mejor de cada situación. Tras un trágico accidente, Joni Erikson-Tada quedó confinada a una silla de ruedas. En medio del dolor y del sufrimiento, empezó a desarrollar la habilidad de pintar sosteniendo el pincel con la boca. En la actualidad, ella habla literalmente ante millones de personas ofreciéndoles esperanza en medio del dolor –todo porque ella ve la oportunidad como una dádiva mediante la cual nos convertimos en aquello para lo cual estamos destinados a ser.

La gente exitosa busca la manera de capitalizar a partir de las oportunidades, de moldearlas para que se conviertan en algo que les beneficie a ellos y a los demás. En ello radica la belleza de las oportunidades. Están disfrazadas como dificultades, molestias y dolor, pero, con frecuencia, se convierten en oportunidades cuando estamos dispuestos a aprovechar su mejor ángulo.

A Hellen Keller se le preguntó qué podría ser peor que estar ciega. Contestó, "Estar en capacidad de ver, pero no tener visión". ¿Cree usted que esa declaración sería igual de poderosa si ella pudiera tener vista física? Ella consideró su situación de ceguera como una oportunidad para convertirse en una mejor persona.

Así que, tome la oportunidad con ambas manos. Las oportunidades no esperan a nadie. Usted debe ser diligente, prudente y demostrar voluntad. Aproveche los momentos de oportunidad que se le presenten, hágalos suyos y llévelos consigo. Las oportunidades están en todas partes, pero de usted dependerá asirse de ellas cuando las vea.

Cualquier circunstancia tiene el potencial para convertirse en una oportunidad. Ninguna situación en la que usted se encuentre tiene por qué ser un problema; al contrario, si responde de la forma correcta, cada situación guarda implícito un potencial sobrenatural dentro de sí. La clave está en su actitud (y en la forma como usted reaccione), con tal que esté dispuesto a ver el lado ganador y se prepare para hacer el esfuerzo. Lo importante está en reconocer la naturaleza dada de las oportunidades: ¡Las oportunidades están disponibles hoy y de usted depende asirse de ellas! Existe abundancia de oportunidades en la vida, y solo usted puede decidir que estas obren a favor suyo.

Ahora es el tiempo oportuno para hacer cualquier cosa. Las cosas ocurren en los momentos "oportunos", no necesariamente en los momentos convenientes. Si usted espera a que el tiempo debido llegue, el entorno correcto, el sentimiento correcto, cuando todo esté en su lugar, todavía estará esperando el siglo que viene. La oportunidad pasará al lado suyo. No espere hasta que el bote llegue al muelle – zambúllase y nade hasta él.

Así que permita que su pensamiento esté siempre orientado hacia reconocer las oportunidades. Encuentre la manera de ganar en cada situación y habrá hallado la oportunidad. En otras palabras, si usted determina la diferencia entre la oportunidad y el problema, entonces todo puede tener un lado ganador, siempre habrá algo positivo que se podrá derivar de toda situación adversa. Cuando las oportunidades vienen, probablemente no se presenten de la forma más esperada, pero la clave está en aprovechar las ventajas que ofrece cada situación para acrecentar la experiencia.

Orison Sweet Marden es fundador del movimiento moderno del éxito en Estados Unidos. Tendió un puente entre las viejas nociones del éxito y los nuevos modelos que popularizaron autores como Napoleon Hill, Dale Carnegie, Og mandino y Norman Vincent Peale. Hoy, Marden continúa siendo un escritor altamente influyente en toda una nueva generación de emprendedores que encuentra en sus libros, los secretos para construir una vida productiva, plena y feliz.

PRINCIPIO
5

> LA ACCIÓN ES LO ÚNICO QUE TE CONDUCIRÁ HACIA EL ÉXITO QUE DESEAS. A LAS PERSONAS DE ACCIÓN LES SONRÍE LA FORTUNA.

LA MOTIVACIÓN SIN ACCIÓN NO SIRVE DE NADA

STEVE MCCLATCHY

Cuando hablamos de éxito, pensamos en motivación, balance, prioridades y en la importancia de valorar el tiempo. Además, revisamos algunas maneras prácticas de usar la planeación y la organización para maximizar la productividad con el fin de alcanzar los resultados que impulsarían nuestro negocio y vida personal. La pregunta a este punto es: ¿en realidad la forma en que tomas decisiones tiene el poder para impactar todo lo anterior?

En una palabra: ¡sí! Las decisiones que tomamos generan la vida que tenemos. La vida que llevas hoy es el resultado acumulativo de todas las decisiones y circunstancias que han sido parte de ti hasta ahora. Algunas de esas circunstancias —el lugar donde naciste, los padres que tienes, la salud de los miembros de tu familia— están fuera de tu control. Pero las decisiones que tomas respecto a tu manera de enfrentar cada situación que la vida te presenta, los riesgos que tomas, la forma en que empleas tu tiempo y las metas que persigues son las que te hacen diferente de los demás. Todo esto es lo que te define.

Parte de lo que hace que tus decisiones para construir tu vida sean difíciles de tomar es saber que cada decisión tiene consecuencias, lógicas o inesperadas, efectos que causan y que afectan tu vida personal o tu profesión. Cuando eres joven, enfrentarte a tus elecciones es señal de crecimiento y responsabilidad, y visto de esa forma, es todo un privilegio. A medida que crecemos, nuestros padres nos enseñan sobre las consecuencias permitiéndonos tomar decisiones cada vez más importantes sobre situaciones que podamos controlar, como por ejemplo, qué ropa comprar, qué ordenar en el menú, a quién invitar a salir, en qué actividades extracurriculares participar, etc. Las consecuencias de nuestras decisiones poco a poco se van volviendo más serias —por ejemplo, cuando tenemos que decidir qué profesión elegir, con quién casarnos, qué valores enmarcan nuestra forma de vivir. Incluso tomamos decisiones que afectan a otra gente, como a nuestra familia, colegas, empleados. Es entonces cuando tomar decisiones pasa de ser un privilegio a convertirse en una responsabilidad.

Todas las consecuencias que surgen de una decisión, incluyendo las que no calculamos, son nuestra responsabilidad y es imperativo afrontarlas. No puedes culpar ni darle crédito a nadie más. Ellas también son parte de quien tú eres.

Ahora, lo importante no es solo que pienses en lo que deseas, ¡hazlo! Tus metas no son parte de ti hasta que no hagas algo con respecto de ellas. Son solo intenciones hasta que las programes en tu calendario.

Programarlas te da la fuerza que te guiará a actuar y a trabajar para obtener resultados. El calendario es una simple herramienta que todos necesitamos para empezar a convertir nuestras intenciones en realidad.

Cumplirlas no es tan rápido. La mayoría de las cosas que vale la pena toma tiempo. ¿Hay algo que tengas en mente y estés considerando hacer? Da paso a paso a la vez, hacerlo así está bien. Piensa en tu meta hoy, luego haz algo al respecto hoy. Prográmalo en tu calendario y continúa haciendo algo al respecto mañana. Antes de que te des cuenta, estarás camino a lograrlo ¿y cómo será tu vida entonces? Mejor que hoy, te lo aseguro. ¡De eso se trata ganar!

¿Conoces gente que ha administrado mal su vida hasta el punto de odiar todo con respecto a sí mismos? ¿Se sienten ellos atrapados en ciclos de situaciones laborales desagradables, endeudados, en medio de relaciones disfuncionales e incluso con problemas de salud debido al estrés que todo esto les causa? La gente que se encuentra en esa situación siente que todo lo que hace es porque "lo tiene que hacer". Dice cosas como: "¡No estoy al mando de mi propia vida!", "Necesito el cheque a fin de mes, no tengo más remedio". Sienten que no tienen control, que el cansancio y el estrés se apoderaron de ellos y que están a un punto muy bajo de motivación y productividad.

Pero, incluso aquellos que se sienten así, pueden cambiar el estado de las cosas. Yo he visto individuos en un punto muy bajo de desaliento que han logrado progresar y trabajar, y mejoraron su vida cuando decidieron tomar responsabilidad de las decisiones que los llevaron allá y decidieron comprometerse a conseguir triunfar.

Analiza toda la situación. Puede que se trate de una meta a corto plazo que mejoraría tu vida, incluso de algo tan insignificante como organizar tu oficina. Después, programas una pequeña meta de consumo para cuando hayas terminado de organizarla. Di: "Organizaré esta oficina para evitar que todo se me pierda y luego, me voy a almorzar con mis amigos". O: "Voy a aprender cómo usar bien este nuevo computador para poder hacer mi trabajo más fácil y rápido; luego, me relajaré y veré una película antes de irme a dormir". Estar en control de esa pequeña meta te hará querer estar en control de más. Entonces, programas tiempo para trabajar en tus tareas preventivas con el fin de mejorar algo que tienes para mañana, y luego, el siguiente día, y así sucesivamente. En algún momento empezarás a ver la luz al otro lado del túnel y experimentarás un cambio, incluso si comienzas con pequeñas metas.

El tiempo seguirá su curso y tu vida también, ya sea que la planees o no, la dirijas o no y consideres o no las consecuencias de tus decisiones. ¿Cómo decidirás qué hacer cuando tengas que tomar determinaciones importantes? Cuando hayas identificado las metas y lo que en definitiva quieres que sea parte de tu vida, podrás enfocarte en lo que quieres hacer. Y sabiéndolo, tomarás mejores decisiones y elegirás el camino que te llevará la realización de dichas metas.

> **Steve McClatchy** es conferencista internacional, entrenador, consultor, escritor y empresario. Ha desarrollado su carrera compartiendo su mensaje en escenarios ante miles de personas que han prosperado gracias a su valioso mensaje, su estilo entretenido y sus historias poderosas. Steve fundó Alleer Training and Consulting debido a su vocación y filosofía hacia un continuo crecimiento del ser humano apoyado en su creencia de que fracasamos al dejar de crecer, aprender, ganar experiencia, lograr metas y mejorar –que es casi como dejar de vivir.

PRINCIPIO 6

> A VECES, NOS CUESTA EMPEZAR UNA VEZ TOMADA LA DECISIÓN. PARA ELIMINAR ESTA DEBILIDAD, PROCEDE DE INMEDIATO. ESTO IMPEDIRÁ QUE TE ARREPIENTAS Y DEJES PASAR BUENAS OCASIONES.

SEA UNA PERSONA DECIDIDA
PAT MESITI

Hace algún tiempo, la premiada cantante Gloria Estefan hizo una declaración brillante en una de sus canciones: "Sellamos nuestro destino con las decisiones que tomamos". Nuestras decisiones determinan nuestro destino. Los deseos no determinan nuestro destino. Los anhelos no hacen realidad los sueños. No obstante, las decisiones determinan nuestros sueños y nuestros deseos.

Todos los días tomamos decisiones. A veces, ni siquiera nos damos cuenta que las estamos tomando. Levantarse de la cama en la mañana es una decisión. ¡Para muchas personas esto de por sí ya es un gran milagro! Pero, para la mayoría de nosotros, es una opción a la cual no le dedicamos nuestra consideración. Ir al trabajo es una decisión. Casarse es otra decisión. Las decisiones son un aspecto diario de la vida, pero muy pocas personas les prestan atención a las decisiones que hacen. De hecho, yo diría que la mayoría de las personas presta poca o ninguna atención a las decisiones que toma y como resultado no vive la vida que realmente quieren vivir. Al contrario, muchos viven la vida que la falta de decisión o la casualidad escogen para ellos. Lo que usted escoja es lo que determina su conducta, su situación financiera y sus amigos.

Para ir en pos de las oportunidades en la vida y maximizar su potencial, debemos ser personas decididas. La historia está llena de gente que ha estado frente a frente con las oportunidades. Muchos han tomado excelentes decisiones. Sin embargo, algunos han tomado decisiones pobres y han tenido que soportar las consecuencias.

Los manuscritos de la película y del libro *Lo que el viento se llevó*, fueron rechazados en un comienzo. Aquellas fueron decisiones mal tomadas. El Titanic es otro ejemplo famoso de una serie de decisiones ridículas y desastrosas por las cuales muchos pagaron con su vida.

Todos somos responsables de nuestro comportamiento. Cuando lo elegimos, decidimos las consecuencias y las circunstancias de la vida. Cuando aceptamos esta ley, dejamos de ser evasivos y de preguntarnos por qué nuestra vida es como es. Ahora bien, es probable que usted diga: "Espere un minuto, Pat. Eso me dolió. Yo he enfrentado un divorcio. He tenido fracasos en los negocios. Yo he…". Esa puede ser la situación. ¿Es usted el responsable de esas heridas? NO. ¿Es usted el responsable de todos esos sucesos? SÍ.

Sin importar qué sea lo que nos haya sucedido, ni cuáles sean las circunstancias, debemos aceptar que nuestras decisiones determinarán el resultado de nuestra vida. Y sea que decidamos aceptarlo o no, nosotros somos los dueños de nuestros sentimientos —son nuestros y de nadie más. Sentirnos como nos sentimos y vivir como vivimos es una decisión que hacemos única y exclusivamente cada uno de nosotros. Necesitamos aprender a decidir "mejor" de modo que podamos vivir "mejor" y tengamos "mejores" resultados.

Si no me gusta mi trabajo, necesito tomar la decisión correcta. Si no me siento contento con mi peso, necesito tomar la decisión correcta. Si no confío en las personas, necesito tomar la decisión de construir confianza. Si no soy feliz, puedo elegir cambiar.

Ahora, es claro que muchas personas culpan a otros por sus problemas, trátese del cónyuge, de un compañero de trabajo o de la falta de oportunidades. Cuando culpamos a otros, renunciamos a nuestra responsabilidad de cambiar. Lo que en realidad está sucediendo en esos casos es que las personas están evitando definir el problema real. Un problema bien definido es un problema resuelto. Si no realizamos el diagnóstico correcto, no vamos a tratar el problema de la forma correcta. Así, las cosas nunca van a mejorar.

Pregúntese: ¿Qué es lo que no me gusta de mi vida? ¿Qué puedo hacer para cambiar la situación? ¿Cómo fue que terminé envuelto en esta situación? ¿No confié lo suficiente? ¿No fui lo suficientemente claro respecto a lo que quería? ¿Fallé al no fijar metas definidas? ¿Elegí asociarme con la persona equivocada en el momento equivocado? ¿Escogí un mal momento? ¿Fallé en declararme a favor de lo que considero correcto? ¿Fallé en solicitar lo que realmente quería? ¿No pedí lo suficiente? ¿Fallé en actuar cuando debía hacerlo? ¿Estuve dilatan- do las cosas? Tenemos que asumir la responsabilidad por las decisiones que tomemos y que, en últimas, determinan las oportunidades que tendremos.

PRINCIPIO 7

> LA RIQUEZA QUE SE ADQUIERE RÁPIDAMENTE DESAPARECE CON LA MISMA RAPIDEZ. LA RIQUEZA QUE PERMANECE AUMENTA DE FORMA GRADUAL PORQUE NACE DEL CONOCIMIENTO Y LA DETERMINACIÓN..

LA DIFERENCIA ENTRE PARECER RICO Y REALMENTE SERLO

THOMAS J. STANLEY

A comienzos de mi adolescencia, mi padre trabajó como repartidor de periódicos. Hacía dos rutas: la ruta obrera y la ruta ejecutiva. La mayoría de sus clientes «obreros» vivía en vecindarios de clase social trabajadora o media-baja —los cuales se encontraban localizados hacia el Este y el Sur de la casa de mis abuelos, sus padres. La ruta «ejecutiva» incluía clientes de clase media-alta –profesionales que en su mayoría vivían en casas agradables y limpias localizadas hacia el Oeste y el Norte. Ambas rutas tenían aproximadamente la misma cantidad de suscriptores. Opuesto a lo que podrías pensar, mi padre observó que la ruta «obrera» era la más lucrativa de las 2. Era mucho más probable que los clientes le pagaran a tiempo, le dieran propina a su repartidor y le obsequiaran bonos de regalo en Navidad.

¿Por qué? La teoría de mi padre era que muchos de sus clientes de la ruta «ejecutiva» estaban cortos de dinero todo el tiempo porque tenían que sostener casas costosas y todo lo que venía con ellas. Él creía que muchos de sus clientes de su ruta «obrera» vivían por debajo de sus posibilidades y por tal razón parecía que siempre tenían efectivo disponible con el cual pagar cuando él recogía el pago.

La lección de esta historia, según mi padre, es que hay una diferencia entre parecer rico y realmente serlo. Mi padre afirmaba que la mayoría de la gente que parece ser rica en realidad no lo es, sino que vive por encima de sus posibilidades y que, por esa razón, habitualmente cuenta con poco dinero para ser generosa con los demás. En términos generales, mi padre tenía razón, aunque luego aprendí que hay un bajo porcentaje de estos individuos que sí es increíblemente adinerado.

Si has estado en mis conferencias, me habrás escuchado contar una experiencia que tuve durante un Halloween a la edad de 9 años. En lugar de ir a pedir dulces por los alrededores del vecindario de la clase obrera unos amigos y yo nos aventuramos a Fieldston, uno de los vecindarios más adinerados de la ciudad de Nueva York. Fuimos premiados con regalos de dinero de parte de James Mason, el famoso actor británico; también nos dieron dinero en la casa donde habitaba una persona enferma que había dejado monedas para los grupos de niños entre una caja de leche. Con orgullo, presumí delante de mi padre acerca de nuestras ganancias. Argumentando en su contra, le dije que, quienes viven en casas grandes y hermosas, sí son personas ricas. Él insistió en que habíamos tenido suerte y que, por casualidad, habíamos dado con unas pocas casas donde sí vivía gente adinerada.

La crisis financiera de los años 2.008 y 2.009 les costó gran cantidad de dinero a muchas personas. Bastantes riquezas se evaporaron. Las últimas estadísticas indican que la gente está ahorrando como si no hubiera ahorrado en décadas. Las ventas de Neiman Marcus están cayendo en picada, mientras que las de Wal-Mart están subiendo al mismo ritmo. Ser modesto parece estar de moda, por el momento.

El tiempo dirá si la sociedad y las personas en realidad han cambiado o si, simplemente, están tomando un receso. Mi investigación indica que, durante generaciones, la gente se ha acostumbrado tanto al consumo que este se ha convertido en algo natural. Estoy casi seguro de que muchos retomarán sus hábitos de derroche tan pronto hayan pasado los síntomas externos de la enfermedad financiera. En otras palabras, lo que estamos experimentando es miedo. Tan pronto este pase, todo volverá a la normalidad.

En Estados Unidos en particular, tenemos una larga historia de derroche, a menudo frívolo. Nos gustan las historias de aquellos que ganan montones de dinero y luego se lo gastan; por lo general, de forma abundante y vistosa; desde el personaje de ficción Gatsby hasta las travesuras de la vida real de raperos envueltos en joyas. Al ver todos los artículos que compramos, pareciera como si estuviéramos llenos de dinero, incluso durante los tiempos difíciles.

Pero ¿de verdad somos ricos? ¿O solo hemos estado actuando como tales? La respuesta es que, en nuestra es una cultura de consumismo sin límites, no solamente podemos y compramos casi cualquier cosa, sino que parece que hemos llegado a creer que podemos y deberíamos tenerlo todo. Creemos que nuestro valor como personas depende de tener la habilidad para vivir en los mejores vecindarios, con casas grandes llenas de electrodomésticos nuevos, con autos lujosos estacionados en el garaje y costosas maletas y palos de golf en el maletero, y demás lujos por el estilo. Mientras tanto, el ritmo de ahorro ha sido abismalmente bajo.

Parece que nos hemos vuelto muy buenos en generar ingresos y disfrutar –por el momento– de un buen nivel de vida. Pero eso es pasajero. Lo crucial es que no hemos acumulado buenos ahorros para nuestra jubilación, ni la educación de nuestros hijos, ni para emergencias. La cruel realidad es que la mayoría de la gente vive bien hoy, pero pagará las consecuencias de su bienestar actual en el futuro cuando su estándar de vida caiga por el despeñadero debido a la falta de recursos para pagar la jubilación, la salud o incluso el costo de un viaje para ir a visitar a los nietos.

Como he estado escribiendo y dando conferencias al respecto por más de 30 años, estudiar las maneras y costumbres de los verdaderos millonarios ha sido muy esclarecedor.

Piensa en la población de millonarios como en un plano. En un extremo están los increíblemente ricos. Ellos generan ingresos extremadamente altos, tienen vastas sumas de riqueza a su disposición; en consecuencia, gastan en autos y mansiones, cenas diarias en restaurantes donde la comida por persona vale $300 dólares o más, poseen un vestuario de alta costura y artículos similares.

Sin embargo, sin importar en qué gasten el dinero, sus gastos son solamente una fracción del total de su patrimonio neto. En otras palabras, gastan por debajo de sus posibilidades. Son una minoría muy pequeña, como el 2% de los hogares en Estados Unidos. En el 2007, para poder clasificar era necesario generar un ingreso total anual de más de 2 millones de dólares, tener un excedente en patrimonio neto de 20 millones y vivir en una casa valorada en más de 2 a 3 millones de dólares.

En el lado opuesto del plano millonario están los hogares que son extremadamente mesurados y viven en casas valoradas en menos de $300.000 dólares. Ellos se hicieron millonarios debido a su moderación, su ahorro exagerado y sus hábitos de inversión.

Entonces, ¿por qué hablamos de los ricos deslumbrantes y por qué son importantes si representan un porcentaje tan pequeño de la población? Son importantes porque son ricos y porque se comportan como ricos, conducen las mejores marcas de autos, compran en tiendas exclusivas, tienen vacaciones extravagantes en lugares exóticos y consumen lo más costoso de todo. Ellos nos importan porque, tristemente, nos hemos convertido en una sociedad que busca emular sus hábitos de consumo aunque esto vaya en detrimento de nuestra salud financiera.

Pero, ¿acaso no merecemos disfrutar del fruto de nuestra labor? A la mayoría de nosotros nos gustaría ser ricos para gastar y actuar como millonarios deslumbrantes, pero no estamos dando los pasos para obtener seguridad o independencia financiera.

¿Por qué? Porque hacerlo requeriría cambios drásticos en nuestros hábitos. Tendríamos que planear, reducir el presupuesto de gastos, ser prudentes e invertir. Pero carecemos de disciplina. Lo cierto es que no tenemos las agallas necesarias para hacernos ricos. La única manera en que llegues a hacerte rico es actuando como los millonarios en el otro extremo del plano: viviendo muy por debajo de tus posibilidades, planeando, ahorrando e invirtiendo. Debes adoptar los valores y el estilo de vida de quienes han llegado a ser millonarios por sus propios medios. Ellos invierten con frecuencia y sabiamente. Todos sus hábitos de consumo son congruentes con el tipo de casas y vecindarios en los que residen. En pocas palabras, es mucho más alcanzable llegar a ser millonario trabajando duro y ahorrando, que las probabilidades de llegar a ser una celebridad millonaria, ganar la lotería o recibir una herencia.

Thomas J. Stanley: Autor galardonado de seis libros, incluido el *bestseller Viva como un verdadero millonario*. Su libro *The Millonaire Next Door* ha vendido más de 2 millones de copias y es bestseller de *The New York Times*.

PRINCIPIO 8

> LA FUERZA DE VOLUNTAD ES EL INVARIABLE PROPÓSITO DE LLEVAR UNA TAREA, QUE TÚ MISMO IMPUSISTE, HASTA SU CULMINACIÓN.

LA PERSISTENCIA ES EL SECRETO PARA HACER REALIDAD TUS DESEOS

NAPOLEÓN HILL

Al permanecer concentrado en lo que inspira y emociona tu vida, atraes los aspectos en verdad maravillosos de tu presencia única en el momento. Solo con "hacer", creas tu propia realidad en lo que quieres lograr. Cuando te concentras en algo que tiene el potencial de satisfacer los deseos de tu corazón, acercas esa realidad a tu mundo actual.

Recuerdo la película A Cristmas Story. El niño, Ralphie, que ojea los catálogos de Sears y Montgomery Wards que llegan por correspondencia a la casa, justo en la época de compras de Navidad. Repasa esas páginas y sueña con ciertos artículos como si ya fueran suyos. Sus padres le piden que encierre en un círculo lo que realmente quiere que Santa le traiga.

Este primer paso es crucial en el proceso de visualización, puesto que "vemos" mentalmente cómo nuestros sueños se hacen realidad.

Si nuestros deseos no eran demasiado costosos, era probable que en Nochebuena encontráramos bajo el árbol uno o dos de los artículos que deseábamos. El regalo de nuestros padres estaba en dar, y nuestro regalo era el deseo de nuestro corazón en ese joven y tierno momento. Ralphie somos todos, y esa es exactamente la razón por la cual la película tiene un atractivo universal.

Conforme fuimos creciendo, conocimos el proceso de recibir y estudiamos, obtuvimos empleos, practicamos el proceso de ahorrar para comprar ese primer auto, un mejor traje o incluso ese viaje de secundaria al extranjero. La persistencia dio sus frutos porque mantuvimos el curso y conservamos el anhelo en nuestra mente hasta que se hizo real frente ante nuestros ojos.

Al permanecer preparados, alertas, y al ser persistentes, podemos hacer realidad muchas metas. Ahora, cuando me siento abrumado con muchas cosas que debo hacer a la vez, simplemente le pregunto a mi "yo superior" ¿qué es lo siguiente que debo hacer para completar esta tarea? Siempre surge una respuesta, y si sigo las instrucciones de mi propio yo superior, puedo lograr mucho más de lo que por mucho tiempo me preocupó en la lista de tareas pendientes. Estos empujones intuitivos me funcionan, y cuando ya he quitado las telarañas en mi mente, surge el mejor plan de ataque, trayéndome los resultados que quiero. No discutas contigo mismo cuando surja un plan. Solo sigue adelante y habrás llegado al verdadero deseo de tu corazón con tiempo de sobra.

¿Eres de los que inician sus proyectos? ¿De los que los terminan? Lo ideal es que deberías ser ambas cosas, pero la mayoría de personas cae en la categoría de los que nada más los "inician", y terminan quedándose allí.

Esta no es una buena posición para jugar en la vida porque, cuando eres de los que comienzan pero no de los que terminan, nunca alcanzas tu potencial de grandeza. Los que apenas inician, tienen entusiasmo pero les falta persistencia. Sueñan con el resultado, pero nunca idean un plan organizado para alcanzar el fin que tienen en mente. Flaquean y caen, pero no se levantan. No prosiguen hacia adelante ni hacia arriba porque la lucha parece demasiado dura.

Si alguna de estas descripciones se aplica a ti, entonces es muy probable que estés destinado a permanecer en el lado del fracaso del río de la vida. Alcanzarás la otra orilla del éxito solamente respaldando tu iniciativa personal con persistencia y valentía.

Muchas personas se inscriben en nuestros cursos y expresan que quieren completar el plan de estudios de tres etapas para alcanzar la certificación como líderes, pero pocas terminan el proceso. Lo que sucede con la mayoría es que renuncia cuando es más fácil renunciar que persistir. Dinero, tiempo, dificultades personales, etc. Todas excusas "legítimas" para no terminar, pero en realidad, la causa de fondo es la falta de iniciativa personal. La vida nos pasa a todos y cada uno de nosotros, pero los que triunfan están convencidos de sus sueños y tienen la fortaleza para esforzarse por alcanzarlos. Se necesitan agallas para alcanzar la gloria.

La mente que está formada para recibir, atrae aquello que necesita, así como un imán atrae limaduras de acero. Para recibir debes estar dispuesto a comenzar, y cuando el canal ya esté abierto debido a tu comienzo, tu mente atraerá los medios y métodos necesarios para completar cualquier tarea que te propongas.

La iniciativa personal respaldada con una acción sostenida, y con persistencia, es la llave que abre la puerta del éxito. Sin un motivo y un plan personalizado para lograrlo, seguirás siendo de aquellos que apenas "inician" en la vida. Comienza hoy mismo con la intensión de completar algo, cualquier meta que quieras lograr, y ahora mismo escribe un plan paso a paso para lograrla. Esta es la parte más importante del proceso porque cuando ya tienes el plan a seguir en tu camino, todo lo que tienes que hacer es dar comienzo al viaje dando un paso a la vez. Y en poco tiempo serás de los que "terminan", habrás cruzado el río de la vida, llegando a la rivera del éxito, en lugar de ser arrastrado por las actuales distracciones que se presentan en todo camino.

La persona que progresa hace lo que debe hacer sin que alguien se lo diga. Pero no se detiene ahí, sino que va más allá haciendo mucho más de lo que se espera o se exige de ella. ¡La iniciativa personal es a un ser humano lo que el arranque automático es a un automóvil! Es el poder que inicia toda acción, que asegura la realización de algo que se empieza.

Muchos son de los que "inician", pero pocos son de los que "terminan" lo que se proponen. La iniciativa personal es el dínamo que toma la capacidad de la imaginación y la pone en acción. Es el proceso mediante el cual tu objetivo principal se convierte en su equivalente físico o financiero. Es la cualidad que crea un propósito importante, junto con todos sus efectos menores.

Napoleon Hill: Considerado uno de los más respetados e influyentes autores del desarrollo personal y la motivación moderna. Su libro *Piense y hágase rico* ha vendido más de 60 millones de copias en todo el mundo. Su libro *Un año para cambiar el chip* ha sido destacado por varios medios de comunicación en Latinoamérica.

PRINCIPIO 9

> CULTIVA TUS PROPIOS PODERES,
> ESTUDIA Y SÉ MÁS SABIO, MÁS HÁBIL;
> ACTÚA PARA RESPETARTE A TI MISMO.
> LA FORTUNA NO PIERDE EL TIEMPO
> CON QUIENES NO ESTÁN PREPARADOS..

HAY QUE APROVECHAR AL MÁXIMO LA BUENA FORTUNA

JOHN BALDONI

En una conversación reciente, Jim Kouzes, profesor y autor, me contó su historia de oportunidades y eventos de buena fortuna: "Toda mi carrera ha sido una serie de eventos afortunados. Me parece que he tenido encuentros accidentales con las oportunidades y creo que he sido tanto suertudo como inteligente al saber aprovechar cada una. Por ejemplo, al salir de la universidad, me uní a los Cuerpos de Paz y fui asignado a la enseñanza. En ese momento, no tenía idea de lo mucho que disfrutaría hacerlo. Pensé que quería ser un funcionario de servicio exterior. Sin embargo, al volver a los Estados Unidos, decidí que quería encontrar un empleo como profesor".

Luego de tres años de trabajar para el Community Action Training Institute, Kouzes fue reclutado por el departamento de trabajo social de la Universidad Estatal de San José para administrar un programa de becas que entrenaba a administradores de la salud en el área de San Francisco. Eso lo llevó a un trabajo como director del centro de desarrollo en la Universidad de Santa Clara, donde Kouzes conoció a su eventual coautor y socio de negocios, Barry Posner.

"Barry golpeó en mi puerta el primer día que estuve ahí, en mi nueva oficina en Santa Clara, y dijo: 'Estás en mi oficina'. Primero, me sorprendí y dije: '¿Cómo? El decano me dijo que esta era mi oficina'. Luego Barry dijo: 'Ya que eres nuevo en el campus, hazme saber cualquier cosa que necesites. Si necesitas algo, para mí será un placer mostrarte la universidad. También trabajo con el centro de desarrollo ejecutivo, y si hay algo en que pueda servirte, no dudes en decírmelo'. Y yo dije: '¡Qué bien!'. Saqué ventaja de esa oportunidad y el resultado ha sido una gratificante colaboración de treinta años. Aprendí dos cosas de esa temprana conexión con Barry y del resto de mis afortunados encuentros. Primera, debes tocar más puertas. Toca en muchas puertas. Segunda, responde 'sí' cuando alguien te pregunte: '¿Te puedo ayudar?'. 'Sí' es la única palabra que empieza cosas".

Las oportunidades también requieren perseverancia. Max De Pree, ex Presidente y Director Ejecutivo del fabricante de muebles Herman Miller y autor, alguna vez escribió: "La primera responsabilidad de un líder es definir la realidad. La última, es decir 'gracias'. Entre eso hay un sirviente y un deudor". Jim Kouzes se vale de esa cita para ir al corazón de las responsabilidades de un líder: decir la verdad.

Esa verdad comienza echando un vistazo interior. En sus más de treinta años de investigación, incluyendo la recolección de mejores historias de práctica en *El desafío del liderazgo* (ahora en su quinta edición), Kouzes señala que casi todas las historias estudiadas ofrecen el ejemplo de alguien enfrentando un desafío significativo. "Uno de los aspectos que resultó sorprendente de esto –y algo que no esperábamos– fue que cada una de esas historias se trataba de desafío, adversidad, incertidumbre, dificultad y cambio. No se trataban sobre la conservación del *statu quo*. Nadie hizo su mejor esfuerzo manteniendo las cosas igual. Cada situación se trataba de cambiar el orden de las cosas, casi siempre con una fuerte carga dramática". Algunos de los entrevistados escalaron montañas, otros empezaron negocios y otros los reconstruyeron.

La voluntad de mirar más allá del problema inmediato para ver posibilidades en el horizonte es inherente a quien se enfrenta a la adversidad. Una de las citas favoritas de Kouzes es de Swifty Lazar, un legendario agente y negociante de Hollywood, que dijo: "A veces me levanto en la mañana y, como no hay nada que hacer, hago que algo ocurra antes de almuerzo". A Kouzes le gusta decirles a los líderes que "pongan esta cita en su pared o en la pantalla de su computador para siempre acordarse de tomar la iniciativa. Si llega la hora del almuerzo y no has hecho que pase nada, retrasa el almuerzo". Ahí es cuando entra la oportunidad.

También es posible ver la oportunidad como la otra cara de la adversidad. Doug Conant se dio cuenta de esto cuando fue nombrado director ejecutivo de Campbell Soup Company en 2001. Aunque era un veterano de la industria alimenticia que había trabajado para General Mills, Kraft y Nabisco, nada lo había preparado para los retos que debió enfrentar en Campbell Soup. Los primeros dieciocho meses fueron duros. Se dio cuenta de que los desafíos que enfrentaba la compañía iban mucho más allá del espectro de los líderes. Como dijo Conant: "No puedes salir tan fácilmente de algo en lo que tú mismo te esforzarte tanto en entrar. Debes trabajar duro para salir de ahí".

La solución que Conant implementó fue metódica. Valiéndose de un plan a tres años, impulsó a los ejecutivos a desarrollar planes anuales de operación y prioridades periódicas. Hasta ahí, nada muy especial; pero Conant insistió en que aquellos planes y prioridades fueran revisados por el equipo ejecutivo vía email todos los viernes, y luego discutidos en una reunión los lunes en la mañana. La asistencia era obligatoria. "Se trataba de un procesos muy disciplinado, [enfocado] en tomar control de la empresa y hacerla avanzar a un terreno más firme".

Eso suena bien, pero también requiere del compromiso personal de aquellos en la cima. Al respecto, Conant se halló a sí mismo doblemente desafiado: era nuevo en Campbell y era un introvertido, del tipo silencioso y reservado. Sin embargo, decidió que, si iba a darle la vuelta a Campbell, tenía que hacerse altamente visible. De manera que, desde los primeros días de su llegada, habló de su introversión públicamente o, como lo dice ahora, se declaró.

Específicamente, le dijo a sus empleados: "Van a verme haciéndome a un lado [en algún evento corporativo] y quizá piensen que soy un tipo distante que no está interesado en quiénes son ustedes ni en qué están haciendo. Pero eso no es todo. La verdad es que soy tímido y no sé qué decir". Conant les pidió a los demás que conversaran con él, y funcionó. "Como líder, me quitó una carga inmensa de los hombros", dijo. Admitir tal timidez le permitió enfocarse en su trabajo y al mismo tiempo invitó a otros a conversar con él y, más importante aún, a comunicarse con él de manera honesta y directa. Con el tiempo, la timidez de Conant se disipó, pues dejó de "interiorizarla".

El tan importante viraje estructurado no puede funcionar sin hacer cambios. "Tenía que crear una cultura de creatividad y responsabilidad", dice Conant, porque "el 99% de las decisiones dentro de una compañía se toma cuando el director ejecutivo no está en la sala". Bajo el mando de Conant, Campbell amplió su línea de productos para ajustarse a las necesidades de los consumidores que querían tomar sopa en el trabajo o mientras trabajaban en algo más. "Siempre estábamos buscando una manera novedosa o mejor de hacer las cosas", dijo.

En el dirigir este plan de viraje, al igual que en varios impulsos creativos, hubo una sensación de urgencia: "Debíamos innovar o morir". Durante este construir, se estableció el mantra: "La expectativa número uno de un líder es inspirar confianza en los demás".

No todo ejecutivo estuvo a la altura de la tarea y la compañía tuvo que remplazar a más de 300 de los 350 altos ejecutivos. Fueron contratados 150 de estos externamente, pero otros 150 fueron ascendidos dentro de la misma organización. Esos ejecutivos dieron la talla y, luego de tres años, Campbell volvió a la cima, consolidando un desempeño sólido durante los siguientes ocho años de mandato de Conant.

John Baldoni es un consultor reconocido internacionalmente como educador de líderes, entrenador ejecutivo y autor. La prestigiosa revista *Inc.com* nombró a John dentro de los cincuenta mejores expertos en liderazgo y los cien conferencistas en liderazgo del año. John es autor de doce libros, incluyendo *Lead with Purpose, Lead Your Boss* y *The Leader's Pocket Guide* que han sido traducidos a más de diez idiomas. En el 2013, Global Gurus lo ubicó en el número catorce de la lista de expertos en liderazgo a nivel mundial. John ha escrito más de quinientas columnas acerca del liderazgo para publicaciones como *HBR.org, Forbes.com, CBS/MoneyWatch* y *The Washington Post*.

PRINCIPIO
10

> EL ORO TRABAJA CON DILIGENCIA Y DE FORMA RENTABLE PARA EL POSEEDOR SABIO QUE LE ENCUENTRA UN USO PROVECHOSO Y HUYE DE AQUELLOS QUE NO LO UTILIZAN O INVIERTEN.

EL DINERO NO TE CAMBIA, SOLO ACENTÚA LO QUE YA ERES

PAT MESITI

Hay quienes conciben el dinero como estar en una piscina. El agua de una piscina permanece estancada. No hay entrada ni salida. Para ellos, el dinero no se debe gastar. Pero en realidad, para que crezca, el dinero debe circular, hay que esparcirlo e invertirlo. La gente ahorra para los tiempos difíciles, y sin duda eso es lo que obtienen, tiempos difíciles. Con cuánta frecuencia escuchamos a otros decir cosas como esta: "Si tan solo pudiera ganar la lotería, o si tuviera un golpe de suerte, ahí sí apoyaría una obra de caridad o haría otras buenas obras con mi dinero".

Esta es una manera de pensar mal orientada. En realidad, las personas que no usan su dinero para bien cuando tienen poco, tampoco serán generosas si llegan a tenerlo en abundancia. El dinero no hace de ti lo que no eres, pero aumenta lo que ya eres. El dinero no hace al hombre ni a la mujer, simplemente acentúa lo que él o ella ya son.

Hay quienes dicen: "Si me ganara $1 millón de dólares, lo donaría todo". Esa sería una tontería. Si ganaras o produjeras $1 millón de dólares, y lo invirtieras sabiamente, entonces con el tiempo estarías en capacidad de donar más del millón con los intereses. Margaret Thatcher dijo lo siguiente al hablar de prosperidad: "Nadie recordaría al buen samaritano si él hubiera tenido solo buenas intenciones; también tenía dinero".

La pobreza y el bienestar no fomentan un espíritu emprendedor, sino que nos mantienen controlados, en la ruina, obstruidos, dependientes, desanimados y encerrados en un ciclo que seguirá de generación en generación. La mentalidad de bienestar nos sirve para prestarles auxilio a lo demás, pero lo que la gente en realidad necesita son manos de ayuda. Como dice el proverbio chino: "Dale a un hombre un pescado y lo alimentarás una vez, enséñale a pescar y lo alimentarás toda la vida".

El dinero no tiene poderes místicos que nos convierten en capitalistas corruptos o en pobres virtuosos. Lo que está en el corazón es lo que hace que el dinero sea bueno o malo. El dinero adopta las cualidades de quien lo posee. El único poder del dinero es el poder que tú le das. Un jugador lo despilfarrará. Un drogadicto lo gastará en sus hábitos. Pero una persona próspera lo distribuirá y lo invertirá con sabiduría. El dinero es como la electricidad, sirve para calentar o para incendiar un objeto y reducirlo a cenizas. El dinero en sí mismo no es bueno ni malo.

Sé alguien que resuelve problemas. Una de las mayores lecciones que jamás haya aprendido es que el secreto para tener riquezas, prosperidad y ganar dinero está en resolver problemas.

Cualquiera que alguna vez haya generado riquezas, ha estado en el negocio de resolver problemas. Personas como Bill Gates y el ya fallecido Henry Ford, hicieron su fortuna solucionando problemas. Bill Gates resuelve problemas de tecnología e informática y Henry Ford resolvía problemas de transporte.

Un buen amigo mío en una ocasión me dijo: "Pat, nunca te quejes por tus problemas. Ellos son los que generan más de la mitad de tus ingresos". ¡Eso es muy cierto! Estoy en el negocio de resolver problemas. Así que, cuando los resuelvo, veo el dinero como un arroyo en mi vida: entra dinero y sale dinero. Lo veo así cuando invierto en la educación de otras personas, les dedico tiempo y dinero, y este vuelve. Norman MacEwan, Vicemariscal de vuelo en la Real Fuerza Aérea, dijo lo siguiente: "La felicidad no consiste tanto en tener, sino en compartir. Nos ganamos la vida con lo que recibimos, pero hacemos la vida por lo que damos".

Se cuenta la historia de un joven ejecutivo medianamente exitoso que, para su cumpleaños, recibió de regalo un Ferrari nuevo y muy contento lo condujo hasta una de las zonas más deprimidas de su ciudad, y lo estacionó allí. En la acera, había un niño de 6 años que se quedó mirando a este hombre sentado en su Ferrari, con su traje muy elegante a rayas, y le dijo: "Señor, usted debe ser muy rico".

El dueño le respondió: "De hecho no soy muy rico, pero me está yendo bien".

"¡Pero usted debe ser muy rico!", insistió el chico. El hombre miró a este emocionado niño, lleno de sueños y le dijo: "Acabo de cumplir 30 años y mi hermano me dio este auto como regalo".

Los ojos del niño se abrieron grandes y dijo: "Cómo quisiera... quisiera... ¡quisiera ser un hermano como ese!".

El poder está en quien da y no en quien recibe. Tu reacción ante esta historia me dice qué tipo de persona quieres ser. Verás, la mentalidad próspera, de millonario y de abundancia, comprende que debes estar en capacidad de esparcir tu prosperidad en lugar de acumularla. Tú debes ser el dador y no quien recibe porque el poder está en dar. No lograrás tener éxito si no comprendes esto.

¡Vaya mentalidad la de aquel niño! Él no quería ser el que recibía el Ferrari, sino el que lo daba. Esa es la esencia de la prosperidad. Su meta no era recibir, sino dar. Él entendía que la recompensa la tiene el dador no el que recibe, el héroe era quien daba y no quien recibía. Muchos de nosotros nos preocupamos exclusivamente por lo que recibamos. Nos interesamos más en cuántas casas vamos a adquirir, en cuántos autos compraremos y cuantos relojes tendremos, en lugar de enfocarnos primero en lo que hay en nuestro interior. El poder no está en lo que tienes o adquieres, pues algún día lo tendrás, el poder yace en lo que hay en tu interior porque es lo que te ayudará a adquirir las casas los autos y los relojes. Siento pena por quienes siempre son los que toman y nunca son los que dan.

SOBRE EL AUTOR

George Samuel Clason nació en Louisiana, Missouri, el 7 de noviembre de 1874. Asistió a la Universidad de Nebraska y sirvió en el Ejército de los Estados Unidos durante la Guerra Hispanoamericana. Al inicio de la que sería su larga carrera en el campo de las publicaciones fundó su empresa, Clason Map Company of Denver, en Colorado, y publicó el primer atlas de las vías de los Estados Unidos y Canadá. En 1926, publicó la primera de una serie famosa de afiches sobre el tema del ahorro y el éxito financiero utilizando parábolas de la antigua Babilonia para ilustrar cada una de sus enseñanzas. Bancos y compañías de seguros distribuyeron este material en cantidades industriales y millones de personas se familiarizaron con los afiches haciéndose muy famoso uno conocido como "El hombre más rico de Babilonia", –la parábola de la cual toma su título este volumen que es un clásico moderno de inspiración.

NOTAS

Capítulo 11

1 Las famosas construcciones de la antigua Babilonia, las murallas, los templos, los Jardines Colgantes y los grandes canales fueron posibles gracias al trabajo de esclavos, principalmente prisioneros de guerra, lo que explica el trato inhumano que recibían. Algunos también eran ciudadanos de Babilonia y sus provincias, vendidos como esclavos a causa de delitos que hubieran cometido o de sus problemas financieros. Era costumbre que los hombres se ofrecieran a sí mismos o a sus familias para garantizar el pago de préstamos, juicios legales y otras obligaciones. Por lo que en caso de no pago, las personas afectadas podrían ser vendidas como esclavas.

2 Las costumbres de los esclavos de la antigua Babilonia, aunque nos parezcan contradictorias, estaban severamente reguladas por la ley. Un esclavo, por ejemplo, podía poseer bienes de todo tipo, incluso otros esclavos sobre los que su amo no tenía ninguna potestad. Los esclavos se casaban libremente con no esclavos. Los hijos de mujeres libres eran libres. La mayoría de los comerciantes de la ciudad eran esclavos; muchos de estos tenían negocios con sus amos y eran ricos.

www.ingramcontent.com/pod-product-compliance
Lightning Source LLC
LaVergne TN
LVHW091543060526
838200LV00036B/685